Andreas Frodl

Personalmanagement im Gesundheitsbetrieb

Andreas Frodl

Personalmanagement im Gesundheitsbetrieb

Betriebswirtschaft
für das Gesundheitswesen

Bibliografische Information der Deutschen Nationalbibliothek
Die Deutsche Nationalbibliothek verzeichnet diese Publikation in der
Deutschen Nationalbibliografie; detaillierte bibliografische Daten sind im Internet über
<http://dnb.d-nb.de> abrufbar.

1. Auflage 2011

Alle Rechte vorbehalten
© Gabler Verlag | Springer Fachmedien Wiesbaden GmbH 2011

Lektorat: Guido Notthoff

Gabler Verlag ist eine Marke von Springer Fachmedien.
Springer Fachmedien ist Teil der Fachverlagsgruppe Springer Science+Business Media.
www.gabler.de

Das Werk einschließlich aller seiner Teile ist urheberrechtlich geschützt. Jede Verwertung außerhalb der engen Grenzen des Urheberrechtsgesetzes ist ohne Zustimmung des Verlags unzulässig und strafbar. Das gilt insbesondere für Vervielfältigungen, Übersetzungen, Mikroverfilmungen und die Einspeicherung und Verarbeitung in elektronischen Systemen.

Die Wiedergabe von Gebrauchsnamen, Handelsnamen, Warenbezeichnungen usw. in diesem Werk berechtigt auch ohne besondere Kennzeichnung nicht zu der Annahme, dass solche Namen im Sinne der Warenzeichen- und Markenschutz-Gesetzgebung als frei zu betrachten wären und daher von jedermann benutzt werden dürften.

Umschlaggestaltung: KünkelLopka Medienentwicklung, Heidelberg
Gedruckt auf säurefreiem und chlorfrei gebleichtem Papier
Printed in Germany

ISBN 978-3-8349-2739-2

Vorwort

Das Personalmanagement hat sich gerade in Gesundheitsbetrieben in seiner Entwicklung auffällig gewandelt: Der Wandel beruht auf sich immer schneller verändernden ökonomischen, technologischen, rechtlichen und sozialen Bedingungen der betrieblichen Umwelt und auf speziellen Einflüssen, die von der Struktur des öffentlichen Gesundheitssystems, höheren Erwartungen der Patienten und verstärkten Bedürfnissen der Mitarbeiter ausgehen. Die Einflüsse dieser Umweltfaktoren werden in Bezug auf den einzelnen Gesundheitsbetrieb in absehbarer Zeit eher zu- als abnehmen. Dies trifft insbesondere für das Tempo des technischen Fortschritts, den Trend zur vermehrten Qualifikation der Mitarbeiter sowie die immer umfangreichere Gesetzgebung in arbeits-, sozial- und tarifgesetzlicher Hinsicht zu. Während früher die Personalarbeit überwiegend aus verwaltungsmäßiger Tätigkeit bestand, erfordern heute die sich rasch verändernden Faktoren der Umwelt des Gesundheitsbetriebes eine immer raschere Anpassung des Personalmanagements an neue Anforderungen sowie ein vermehrtes Denken und Handeln von Mitarbeitern und Vorgesetzten in betriebswirtschaftlichen, organisatorischen, psychologischen und soziologischen Zusammenhängen. Es ist daher wichtig, neben der klassischen Personalarbeit auch bedeutende, grundsätzliche Erfolgsfaktoren des modernen Personalmanagements in einen Gesundheitsbetrieb einzubeziehen.

Wie in kaum einem anderen Dienstleistungsbereich machen die Mitarbeiter einen wesentlichen Teil der Leistungsfähigkeit eines Gesundheitsbetriebs aus. Sie stellen das entscheidende Potenzial für die Bewältigung der hohen Anforderungen in der heutigen und zukünftigen medizinischen und pflegedienstlichen Arbeitswelt dar. Die Zielsetzung jedes Gesundheitsbetriebs, den Erfolg langfristig zu sichern und auszubauen, kann deshalb nur dann erreicht werden, wenn alle Mitarbeiter besondere Anstrengungen unternehmen und in vertrauensvoller Zusammenarbeit gemeinsam die gestellten Aufgaben im Rahmen ihrer Kenntnisse und Fähigkeiten bestmöglich erfüllen.

Das moderne Personalmanagement innerhalb der Betriebswirtschaftslehre bietet hierzu ein breites Instrumentarium: Personalentwicklung, Mitarbeitermotivation, Personalführung, Konfliktbewältigung, Arbeitsstrukturierung, bis hin zu virtuellen Arbeitsformen. Anhand von zahlreichen Beispielen werden die verschiedenen Methoden und Verfahren erläutert. Da sie im vorliegenden Format nur überblickshaft dargestellt werden können, stehen für ihre weitere Vertiefung am Ende des Buches Literaturangaben zur Verfügung.

Die Quellenangaben und Literaturhinweise wurden am Ende des Buches zusammengefasst, so dass zugunsten eines vereinfachten Lesens dadurch auf zahlreiche Fußnoten verzichtet werden konnte.

Nicht immer lässt sich das im Buch Dargestellte vollständig auf eine bestimmte Situation in einer Arztpraxis oder Klinik übertragen, denn die mangelnde Vergleichbarkeit von Dienstleistungsunternehmen, Werkstattbetrieben oder Industriekonzernen selbst innerhalb einer Branche trifft im Grundsatz natürlich auch auf Gesundheitsbetriebe zu. Mit über 80 Beispielen, Abbildungen, Tabellen wurde dennoch versucht, die jeweilige Relevanz zu belegen.

Die Leserinnen mögen mir nachsehen, dass aufgrund der einfacheren Lesbarkeit durchgängig maskuline Berufsbezeichnungen verwendet wurden.

Erding, im Februar 2011   Andreas Frodl

Inhaltsverzeichnis

Vorwort 5
Abkürzungsverzeichnis 11

1 Grundlagen 17
    1.1   Einordnung des Personalmanagements in die Gesundheitsbetriebslehre 17
    1.2   Gegenstand des gesundheitsbetrieblichen Personalmanagements 21
    1.3   Definition und Bedeutung personalwirtschaftlicher Anforderungen im Gesundheitsbetrieb 24

2 Rechtliche Rahmenbedingungen des Personalmanagements 29
    2.1   Individuelles Arbeitsrecht 29
    2.2   Kollektives Arbeitsrecht 36
    2.3   Arbeitsschutzrecht 39

3 Führung des Behandlungs- und Pflegepersonals 45
    3.1   Ziele des Personals 45
    3.2   Führungsstile und Führungsmodelle 50
    3.3   Mitarbeitermotivation 53
    3.4   Betriebsklima und Teamgeist 56
    3.5   Konfliktmanagement 59

4 Ermittlung des Personalbedarfs 67
    4.1   Quantitativer Personalbedarf 67
    4.2   Qualitativer Personalbedarf 73
    4.3   Zeitlicher Personalbedarf 78

5 Rekrutierung geeigneten Behandlungs- und Pflegepersonals 81

    5.1 Personalwerbung 81

    5.2 Personalauswahl 84

    5.3 Personaleinstellung 88

6 Einsatz von Behandlungs- und Pflegekräften 95

    6.1 Personalorganisation und Arbeitsstrukturierung 95

    6.2 Gestaltung der Arbeitszeiten und -plätze in Gesundheitsbetrieben 101

    6.3 Virtuelle Arbeitsformen 108

7 Personalentwicklung 119

    7.1 Personalentwicklungsmaßnahmen im Gesundheitsbetrieb 119

    7.2 Personalbeurteilung 124

    7.3 Aus- und Weiterbildung von Behandlungs- und Pflegepersonal 128

8 Administration der Mitarbeiter von Gesundheitsbetrieben 139

    8.1 Personaldaten und deren Schutz 139

    8.2 Personalbetreuung und Gehaltsabrechnung 143

    8.3 Personalcontrolling 145

9 Personalfluktuation 151

    9.1 Fluktuationsursachen 151

    9.2 Beendigung des Arbeitsverhältnisses 154

    9.3 Kündigungsarten und -ablauf 156

Glossar 163

Abbildungsverzeichnis 171

Tabellenverzeichnis 173
Literaturhinweise 175
Stichwortverzeichnis..181

Abkürzungsverzeichnis

AAA	Arbeitsgemeinschaft zur Regelung der Arbeitsbedingungen der Arzthelferinnen/Medizinischen Fachangestellten
ÄAppO	Approbationsordnung für Ärzte
AG	Aktiengesellschaft
ArbStVo	Arbeitsstättenverordnung
ArbZRG	Arbeitszeitrechtsgesetz
ASB	Arbeiter-Samariter-Bund
AWO	Arbeiter-Wohlfahrt
BAuA	Bundesanstalt für Arbeitsschutz und Arbeitsmedizin
BÄK	Bundesärztekammer
BÄO	Bundesärzteordnung
BBDK	Berufsbildungswerk Deutscher Krankenhäuser e.V.
BBiG	Berufsbildungsgesetz
BdA	Berufsverband der Arzt-, Zahnarzt- und Tierarzthelferinnen e. V.
BDSG	Bundesdatenschutzgesetz
BetrVG	Betriebsverfassungsgesetz
BGB	Bürgerliches Gesetzbuch
BMBF	Bundesministerium für Bildung und Forschung
BRK	Bayerisches Rotes Kreuz

BUrlG	Bundesurlaubsgesetz
CRT	Herzinsuffizienz-Therapiesystem für die Cardiale Resynchronisations-Therapie
D2D	Doctor To Doctor
DAG	Deutsche-Angestellten-Gewerkschaft
DASA	Deutsche Arbeitsschutzausstellung
DGTelemed	Deutsche Gesellschaft für Telemedizin
DIN	Deutsche Industrienorm
DKI	Deutsches Krankenhaus Institut
DRK	Deutsches Rotes Kreuz
ePA	Elektronische Patientenakte
EStG	Einkommenssteuergesetz
FTE	Full Time Equivalents
FZ	Fehlzeiten
GeNi	Gesundheitsgewerkschaft Niedersachsen
GG	Grundgesetz

Abkürzungsverzeichnis

HGB	Handelsgesetzbuch
HNO	Hals-Nasen-Ohren (-Arzt)
HRM	Human Resource Management
IBMT	Fraunhofer-Institut für Biomedizinische Technik
ICD	International Statistical Classification of Diseases and Related Health Problems
JArbSchG	Jugendarbeitsschutzgesetz
KapovAz	Kapazitätsorientierte variable Arbeitszeit
KHBV	Krankenhaus-Buchführungsverordnung
KIS	Krankenhausinformationssysteme
KündSchG	Kündigungsschutzgesetz
KV	Kassenärztliche Vereinigung
KZBV	Kassenzahnärztliche Bundesvereinigung
LDT	Labordatentransfer
MTA	Medizinisch-technische Assistentin
MuSchG	Mutterschutzgesetz

PDA	Personal Digital Assistant
PersVG	Personalvertretungsgesetz
PflegeBuchV	Pflege-Buchführungsverordnung
PIZA	Partizipation und interaktive Interdisziplinarität für eine zukunftsfähige Arbeitsforschung
PT	Personentage
PVS	Praxis-Verwaltungs-Systeme
RKI	Robert-Koch-Institut
SchwbG	Schwerbehindertengesetz
SfH	Stiftung für Hochschulzulassung
SGB	Sozialgesetzbuch
TdL	Tarifgemeinschaft deutscher Länder
TVÄ	Tarifvertrag Ärzte
TVG	Tarifvertragsgesetz
TV-L	Tarifvertrag für den öffentlichen Dienst der Länder
TzBfG	Teilzeit- und Befristungsgesetz
VZK	Vollzeitkapazitäten
VWA	Verband der Weiblichen Arbeitnehmer e. V.

Abkürzungsverzeichnis

ZMF Zahnmedizinische Fachhelferin
ZMV Zahnmedizinische Verwaltungshelferin

1 Grundlagen

1.1 Einordnung des Personalmanagements in die Gesundheitsbetriebslehre

Die **Gesundheitsbetriebslehre** ist vergleichbar mit der Industriebetriebslehre, Handelsbetriebslehre oder Bankbetriebslehre: Sie befasst sich mit einer speziellen Betriebsart, den Gesundheitsbetrieben. Sie geht davon aus, dass die Ressourcen für einen Gesundheitsbetrieb begrenzt sind und daher einen ökonomischen Umgang mit den knappen Mitteln erfordern: Medizinisches Personal, Pflegepersonal, finanzielle Ressourcen oder Behandlungseinrichtungen stehen in jeder medizinischen Einrichtung nicht in beliebiger Menge zur Verfügung. Es gilt sie so einzusetzen, dass sie den größtmöglichen Nutzen stiften.

Der **Gesundheitsbetrieb** lässt sich dabei als in sich geschlossene Leistungseinheit zur Erstellung von Behandlungs- oder Pflegeleistungen an Patienten oder Pflegebedürftigen ansehen, die dazu eine Kombination von Behandlungseinrichtungen, medizinischen Produkten und Arbeitskräften einsetzt. Zum Einsatz können auch Betriebsmittel, Stoffe und sonstige Ressourcen gelangen, die nur mittelbar zur Erstellung der Behandlungs- oder Pflegeleistungen beitragen.

> Arztpraxen, Zahnarztpraxen, Pflegeeinrichtungen, heilpraktische Einrichtungen, Krankenhäuser etc. lassen sich somit eindeutig als Gesundheitsbetriebe identifizieren. Sonstige Einrichtungen des Gesundheitswesens wie Krankenkassen, kassenärztliche Vereinigungen oder pharmazeutische Unternehmen zählen hingegen nicht dazu. Als Grenzfälle können beispielsweise Apotheken angesehen werden, da sie eher in der Arzneimitteldistribution anzusiedeln sind und selten Leistungen direkt am Patienten erbringen. Eine Krankenhausapotheke kann hingegen durch die Herstellung individueller medizinischer Produkte genauso wie eine orthopädische Werkstatt direkt in einen Krankenhausbetrieb integriert sein. Das gilt beispielsweise auch für ein in einer Zahnarztpraxis befindliches Dentallabor.

Als Beispiel für eine Auflistung von Gesundheitsbetrieben kann der Geltungsbereich der Richtlinie über die ordnungsgemäße Entsorgung von Abfällen aus Einrichtungen des Gesundheitsdienstes (Stand: Januar 2002) des Robert-Koch-Instituts (RKI), Berlin, angesehen werden, in der folgende Einrichtungen genannt sind

- Krankenhäuser einschließlich entsprechender Einrichtungen in Justizvollzugsanstalten und Sonderkrankenhäuser,

- Dialysestationen und -zentren außerhalb von Krankenhäusern und Arztpraxen einschließlich der Heimdialyseplätze,

- Vorsorge- und Rehabilitationseinrichtungen, Sanatorien und Kurheime,

- Pflege- und Krankenheime bzw. -stationen, einschließlich Gemeinde- und Krankenpflegestationen,

- Einrichtungen für das ambulante Operieren,

- Arztpraxen und Zahnarztpraxen,

- Praxen der Heilpraktiker und physikalischen Therapie.

Die Gesundheitsbetriebe lassen sich ferner nach unterschiedlichen Merkmalen in folgende Arten einteilen (siehe **Tabelle 1.1**):

Tabelle 1.1 Typologie von Gesundheitsbetrieben.

Merkmale	Betriebsarten	Beispiele
Größe	Kleinbetriebe, Großbetriebe	Arztpraxis, Poliklinik
Rechtsform	Betriebe in öffentlicher Rechtsform, als Personen- oder Kapitalgesellschaft	Landkreisklinik als Eigenbetrieb, Gemeinschaftspraxis, Klinikum AG
Leistungsumfang	Betriebe mit ambulanter Versorgung, Betriebe mit stationärer Versorgung	Tagesklinik, Tagespflege, Krankenhaus mit verschiedenen Abteilungen bzw. Stationen

Grundlagen

Merkmale	Betriebsarten	Beispiele
Leistungsart	Betriebe für medizinische Grundversorgung, Vollversorgung	Hausarztpraxis, Pflegedienst, stationäre Pflegeeinrichtung
Spezialisierungsgrad	Betriebe für allgemeine Behandlungsleistungen; Betriebe für spezielle Behandlungsleistungen	Allgemeinarztpraxis, HNO-Praxis, Kieferorthopädische Praxis, Augenklinik
Einsatzfaktoren	Arbeitsintensive Betriebe, anlagenintensive Betriebe	Pflegeeinrichtung, Diagnosezentrum, Röntgenpraxis

Die einzelnen Betriebsarten oder -typologien sind nicht immer eindeutig voneinander abgrenzbar: Häufig bieten beispielsweise Spezialkliniken ambulante und stationäre Behandlungsleistungen gleichzeitig an, und ein städtisches Klinikum der Vollversorgung wird in der Regel sowohl arbeits- als auch anlagenintensiv betrieben. Ein Blick auf die Anzahl ausgewählter Gesundheitsbetriebe macht deutlich, welche Bedeutung sie für die betriebliche Landschaft Deutschlands haben (siehe **Tabelle 1.2**).

Tabelle 1.2 Anzahl ausgewählter Gesundheitsbetriebe in Deutschland im Jahre 2007 (Quelle: Statistisches Bundesamt).

Betriebe	Anzahl	Mitarbeiter
Krankenhäuser	2.087	1.075.000
Vorsorge- oder Rehabilitationseinrichtungen	1.239	159.000
Arztpraxen	125.745	662.000
Zahnarztpraxen	46.178	336.000
Pflegedienste ambulant	11.529	236.162
Pflegeeinrichtungen stationär	11.029	573.545

Zählt man die statistisch kaum erfassten und daher in **Tabelle 1.**2 nicht aufgeführten Betriebe von Beschäftigungs- und Arbeitstherapeuten, Hebammen/Geburtshelfern, Heilpraktikern Masseuren, Medizinische Bademeistern, Krankengymnasten, Psychotherapeuten etc. hinzu, kommt man auf über 200.000 Einrichtungen mit mehr als 3.000.000 Mitarbeitern.

Der Gesamtumsatz aller Gesundheitsbetriebe lässt sich am ehesten anhand der Gesundheitsausgaben aller Ausgabenträger (öffentliche Haushalte, private Haushalte, gesetzliche und private Kranken- und Pflegeversicherung usw.) ermessen, die nach Angaben des *Statistischen Bundesamtes* 2008 über 263 Milliarden Euro betragen haben.

Die Gesundheitsbetriebslehre nimmt die Perspektive eines einzelnen Gesundheitsbetriebes ein. Ihre Ziele liegen dabei nicht nur die Beschreibung und Erklärung betriebswirtschaftlicher Sachverhalte und Phänomene, sondern auch in der konkreten Unterstützung der betrieblichen Entscheidungsprozesse

Sie versucht dabei, betriebliche Sachverhalte zu erläutern, Zusammenhänge zu erklären und aufgrund des Aufzeigens von Handlungsalternativen und deren Bewertung Gestaltungsempfehlungen zu geben.

Berücksichtigt werden dabei verschiedene Einsatzfaktoren, die unmittel- oder mittelbar zum Erstellungsprozess von Gesundheitsleistungen beitragen, wie beispielsweise:

- die menschliche Arbeitsleistung am Patienten,
- der Einsatz von medizintechnischen und sonstigen Betriebsmitteln,
- die Verwendung von medikamentösen, medizinischen, pharmazeutischen Heilmitteln und sonstigen Stoffen.

Neben diesen Elementarfaktoren gibt es *dispositive* Faktoren (Arbeitsleistungen im Bereich von Leitung, Planung, Organisation Kontrolle usw.) oder weitere Faktoren, die beispielsweise als

- Leistungen von Dritten,
- immateriellen Leistungen (Rechte, Informationen usw.),

- Zusatzleistungen

in den Leistungserstellungsprozess eingehen.

Insofern muss die Gesundheitsbetriebslehre versuchen, auch in ihrer Bandbreite das betriebswirtschaftliche Geschehen möglichst vollständig zu erfassen. Sie erstreckt sich daher neben Teilgebieten, wie beispielsweise Planung, Finanzen, Kostenmanagement, Absatz, Organisation, Information, Steuerung und Kontrolle auch auf das gesundheitsbetriebliche Personalmanagement. Dessen Aufgabe ist es, über Handlungen und Eigenschaften von Gesundheitsbetrieben als reale Objekte oder über deren reale betriebliche Sachverhalte zu informieren und dabei auch das menschliche Verhalten in Gesundheitsbetrieben zu analysieren, da es betriebliche Arbeitsprozesse durch Interessen und Verhaltensweisen der Mitarbeiter des Gesundheitsbetriebes stark beeinflusst.

1.2 Gegenstand des gesundheitsbetrieblichen Personalmanagements

Das gesundheitsbetriebliche **Personalmanagement** versucht einerseits *deskriptiv*, die personellen Phänomene eines Gesundheitsbetriebs zu systematisieren und zu erklären. Gleichzeitig entwirft es *präskriptive* Aussagensysteme, in dem es durch das Aufzeigen von Problemlösungen untersuchter Betriebsbereiche an einer aktiven Verbesserung und Gestaltung der Arbeits- und Personalsituation in den Gesundheitsbetrieben mitwirkt. Es setzt sich zudem mit der vorfindbaren betrieblichen Personalpraxis von Gesundheitsbetrieben auseinander, befasst sich aber auch mit den gewünschten bzw. realisierbaren Zuständen. Insofern orientiert es sich an den *tatsächlichen* Problemen der Gesundheitsbetriebe und liefert für sie Gestaltungsvorschläge für die Lösung ihrer Personalprobleme, die auch grundsätzlich verwendet werden können.

Da die menschliche Arbeitskraft wertvoll und teuer ist, muss sie insbesondere in einem Gesundheitsbetrieb effizient und wirtschaftlich eingesetzt werden. Dies ist eine wesentliche Aufgabe seines Personalmanagements.

Die Mitarbeiter des Gesundheitsbetriebs sind hierzu zu führen, zu leiten und zu steuern.

Auf der einen Seite gilt es dabei, die *betrieblichen* Bedürfnisse zu berücksichtigen: Der Gesundheitsbetrieb muss bestmöglich mit geeigneten Mitarbeitern und Mitarbeiterinnen ausgestattet, also versorgt, werden. Auf der anderen Seite ist gleichzeitig den *Mitarbeiterbedürfnissen* Sorge zu tragen: Sie müssen betreut, entwickelt, geführt, verwaltet und entlohnt werden.

Im Mittelpunkt des Personalmanagements im Gesundheitsbetrieb stehen die Mitarbeiterinnen und Mitarbeiter. Sie stellen als Gesamtheit der Arbeitnehmer/-innen eines Gesundheitsbetriebs dessen Personal bzw. Belegschaft dar (siehe **Tabelle 1.3**).

Tabelle 1.3 Mitarbeiterzusammensetzung einzelner Gesundheitsbetriebe am Beispiel von Zahnarztpraxen (Quelle: *KZBV*-Statistik 2008).

Tabelle 1.3 Mitarbeiterzusammensetzung einzelner Gesundheitsbetriebe am Beispiel von Zahnarztpraxen (Quelle: KZBV-Statistik 2008).

Beschäftigte im Durchschnitt	1995	2000	2005	2007
Alte Bundesländer				
Assistenzzahnärzte	0,19	0,16	0,15	0,14
Zahntechniker	0,2	0,22	0,23	0,22
Zahnarzthelferinnen (inkl. ZMV/ZMF)	2,7	2,95	3,15	3,28
Auszubildende	1,0	0,8	0,83	0,74
Sonstiges Personal	1,02	0,89	0,91	0,93
Unentgeltlich tätige Familienangehörige	0,13	0,18	0,12	0,12
Beschäftigte insgesamt	5,29	5,2	5,39	5,43

Grundlagen

Beschäftigte im Durchschnitt	1995	2000	2005	2007
Neue Bundesländer				
Assistenzzahnärzte	0,08	0,07	0,07	0,09
Zahntechniker	0,08	0,09	0,11	0,12
Zahnarzthelferinnen (inkl. ZMV/ZMF)	2,22	2,28	2,34	2,5
Auszubildende	0,61	0,4	0,35	0,32
Sonstiges Personal	0,65	0,68	0,58	0,56
Unentgeltlich tätige Familienangehörige	0,19	0,15	0,1	0,11
Beschäftigte insgesamt	3,83	3,63	3,55	3,7

Anders als die im Gesundheitsbetrieb eingesetzten Sachmittel, wie Behandlungs- und Pflegeeinrichtungen, medizinisches Verbrauchsmaterial, medizintechnische Geräte usw., sind die Mitarbeiter durch eine Reihe von Eigenschaften gekennzeichnet, die für die erfolgreiche Führung eines Gesundheitsbetriebs von wesentlicher Bedeutung sind:

- Die Mitarbeiter sind *aktiv*: Sie sind keine passiven Erfolgsfaktoren über die man beliebig verfügen kann. Sie haben ihren eigenen Willen, verfolgen eigenständig vorgegebene oder selbst gesteckte Ziele und entwickeln Initiativen, die es gezielt zu nutzen gilt.

- Sie sind *individuell*: Jeder Mitarbeiter unterscheidet sich von anderen in einer Vielzahl von Merkmalen, Eigenschaften und Fähigkeiten. Diese Eigenschaften und Fähigkeiten müssen erkannt und richtig zur Geltung gebracht werden.

- Alle Mitarbeiter sind grundsätzlich *motiviert*: Sie streben alle eigenständige Ziele an. Diese können mit den Zielen des Gesundheitsbetriebs übereinstimmen, es kann aber auch auf dieser Ebene zu Zielkonflikten kommen. Die Mitarbeitermotivation hängt somit wesentlich von der Übereinstimmung der persönlichen Ziele mit den Zielen des Gesundheitsbetriebs ab. Aufgabe des Personalmanagements muss es somit auch sein, diese Ziele in Einklang zu bringen.

- Die Mitarbeiter sind *beeinflussbar*: Sie sind sowohl von psychologischen als auch von physischen Einflüssen abhängig. Das Personalmanagement muss negative Einflüsse stoppen und positive Einflussmöglichkeiten fördern.

- Schließlich zeichnen sich die Mitarbeiter durch *Zugehörigkeiten* aus: Sie sind auch Mitglieder anderer sozialer Gruppierungen, beispielsweise von Familien, Vereinen, Parteien, Gewerkschaften und sonstigen Gruppen. Nicht selten bilden sich auch innerhalb von Teams in Gesundheitsbetrieben kleinere Gruppierungen, die durch Sympathie/Antipathie geprägt sind, und die das Personalmanagement im Gesundheitsbetrieb in besonderem Maße zur Sicherung des langfristigen Erfolgs berücksichtigen muss.

1.3 Definition und Bedeutung personalwirtschaftlicher Anforderungen im Gesundheitsbetrieb

Das Personalmanagement ist gleichzusetzen mit dem englischen Begriff „Human Resource Management (HRM)" und befasst sich mit dem Faktor Arbeit bzw. Personal im Gesundheitsbetrieb. Ebenfalls häufig anzutreffende Bezeichnungen sind „Personalwirtschaft" oder „Personalwesen". Das Personalmanagement eines Gesundheitsbetriebs lässt sich in Anlehnung an R. Marr (1983) definieren als Erhaltung und Entwicklung der menschlichen Leistungspotenziale eines Gesundheitsbetriebs.

Die grundlegenden Annahmen zum arbeitenden Menschen in Gesundheitsbetrieben basieren zum großen Teil auf der Entwicklung personalwirtschaftlicher Theorien (siehe **Abbildung 1.1**). Sie können Antwort auf die grundlegenden Fragen geben, wie und warum Menschen in Gesundheitsbetrieben arbeiten, was sie bewegt, antreibt oder motiviert.

Grundlagen 25

Abbildung 1.1 Theorien zum arbeitenden Menschen im Gesundheitsbetrieb.

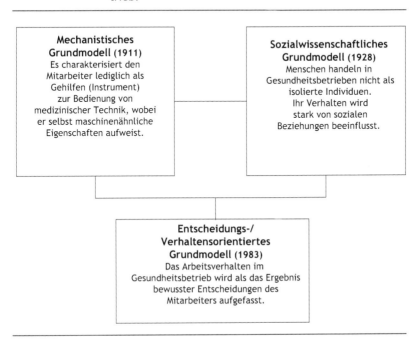

Nach *F. W. Taylor* (1856 bis 1915) und seinem mechanistischen Grundmodell lassen sich für den Gesundheitsbetrieb Arbeitsmethoden ableiten, die aufgrund von Zeit- und Bewegungsstudien ein maximales Arbeitsergebnis erwarten lassen: Gehaltssysteme mit Leistungsnormen und Entlohnungsregeln, die Notwendigkeit zur optimale Gestaltung des Arbeitsplatzes im Hinblick auf physiologische Merkmale der Mitarbeiter des Gesundheitsbetriebes sowie kausale Zusammenhänge zwischen Entlohnung, Arbeitsgestaltung und Arbeitsleistung.

Diese mechanistische Sichtweise lässt sich ergänzen durch das sozialwissenschaftliche Grundmodell nach der *Human-Relations-Bewegung* (1928), wonach die Menschen in Gesundheitsbetrieben nicht als isolierte Individuen handeln, sondern ihr Verhalten stark von sozialen Beziehungen beeinflusst wird. Es bilden sich daher neben der geplanten Arbeitsgruppenstruktur informelle Gruppengefüge. Sie stellen eigene Regeln, Erwartungen, Verhaltensnormen auf, die von den betrieblichen abweichen können. Die Steigerung der Leistung wird ermöglicht durch Förderung sozialer Interaktionen und Zufriedenheit der Mitarbeiter und es besteht ein kausaler Zusammenhang zwischen Arbeitszufriedenheit und Arbeitsleistung.

Heute kann zusätzlich davon ausgegangen werden, dass nach dem entscheidungs- und verhaltensorientierten Grundmodell von *R. Marr* (1983) das Arbeitsverhalten als das Ergebnis bewusster Entscheidungen der Mitarbeiter aufgefasst werden kann. Ihre Verhaltensweisen erklären sich aus den sozialen Beziehungen innerhalb des Gesundheitsbetriebes und sind das Ergebnis von Verhandlungs-, Anpassungs-, Beeinflussungs-, Motivierungs- und Problemlösungsprozessen.

Ebenso, wie sich das Bild des arbeitenden Menschen im Gesundheitsbetrieb im Laufe der wissenschaftlichen Auseinandersetzung mit dem Thema gewandelt hat, ist auch der Begriff des Personalmanagements häufigen Veränderungen unterzogen: Während das Aufgabengebiet des Personalmanagements im Gesundheitsbetrieb lange Jahre alle mitarbeiterbezogenen Institutionen und Maßnahmen mit dem Ziel umfasste, dem Gesundheitsbetrieb zur Erfüllung seiner Aufgaben Arbeitskräfte in der erforderlichen Quantität und Qualität zum richtigen Zeitpunkt und für die benötigte Dauer am jeweiligen Einsatzort bereitzustellen sowie das Leistungsverhalten der Mitarbeiter und dessen Bestimmungsgründe im Gesundheitsbetrieb zu analysieren, versuchen neuere Ansätze neben dem Leistungsziel des Gesundheitsbetriebes auch die Humanziele der Mitarbeiter einzubeziehen und dadurch auftretende Konflikte zu lösen. Daher wird heutzutage für die Beschreibung des Aufgabengebietes auch der weit verbreitete Anglizismus **Human Resources Management (HRM)** verwendet, wobei sich HRM generell mit der menschlichen Arbeit und ihren Rahmenbedingungen befasst. Entsprechend vielfältig gestalten sich die Aufgabenbereiche des Personalmanagements im Gesundheitsbetrieb:

- rechtliche Rahmenbedingungen des Personalmanagements
- Führung des Behandlungs- und Pflegepersonals
- Ermittlung des Personalbedarfs

- Beschaffung geeigneten Behandlungs- und Pflegepersonals (Personalrecruiting)
- Einsatz von medizinischen Kräften und Pflegekräften
- Personalentwicklung
- Administration der Mitarbeiter von Gesundheitsbetrieben
- Personalaustritt

2 Rechtliche Rahmenbedingungen des Personalmanagements

2.1 Individuelles Arbeitsrecht

Das *individuelle* Arbeitsrecht regelt das Arbeitsverhältnis zwischen dem Gesundheitsbetrieb als Arbeitgeber und den einzelnen Mitarbeitern.

Im Mittelpunkt des individuellen Arbeitsrechtes steht der **Arbeitsvertrag**. Er ist als schuldrechtlicher Vertrag ein besonderer Fall des Dienstvertrages nach dem *Bürgerlichen Gesetzbuch (BGB)*, durch den sich der Mitarbeiter verpflichtet, im Dienste des Gesundheitsbetriebs nach dessen Weisungen Arbeit zu leisten, wofür der Gesundheitsbetrieb ein Entgelt zu zahlen hat.

Üblicherweise kommen Gesundheitsbetrieb und Mitarbeiter durch entsprechende Inserate (Stellenangebote, Stellengesuche) oder durch Vermittlung von Arbeitsagenturen zusammen. Wenn sich ein Mitarbeiter in die Dienste eines Gesundheitsbetriebs begibt, kommt ein Arbeitsvertrag zustande. Im ihm werden die Rechte und Pflichten von Gesundheitsbetrieb und Mitarbeiter geregelt, insbesondere

- Beginn und Ende der täglichen Arbeitszeit,
- Verteilung der Arbeit auf die Wochentage,
- eventuelle Probezeit,
- Gehalt,
- Urlaub,
- Sonderzuwendungen,
- Kündigungsmöglichkeiten.

Das im Arbeitsvertrag begründete Arbeitsverhältnis endet durch

- vertragliche Vereinbarungen (Aufhebungsvertrag, Befristung usw.),
- Kündigung,
- Invalidität oder
- Tod.

Die Fähigkeit zum Abschluss von Arbeitsverträgen besitzt jeder voll Geschäftsfähige. Für Geschäftsunfähige kann der gesetzliche Vertreter einen Arbeitsvertrag abschließen. Beschränkt Geschäftsfähige (Entmündigte und nach *BGB* unter vorläufige Vormundschaft gestellte Personen) können entweder selbst mit Zustimmung ihres gesetzlichen Vertreters einen Arbeitsvertrag abschließen, oder der gesetzliche Vertreter handelt für sie. Ausländische Arbeitnehmer müssen eine Aufenthaltsgenehmigung haben, um einen Arbeitsvertrag abschließen zu können und Arbeitnehmer außerhalb der Europäischen Union eine Arbeitserlaubnis.

Der Arbeitsvertrag ist grundsätzlich *formlos*. Er kann durch die formlose Willenserklärung von Gesundheitsbetrieb und Mitarbeiter durch das Vertragsangebot und dessen Annahme auch mündlich zustande kommen. Nach *BGB* kann die Schriftform aber vertraglich vereinbart werden. Zur Wirksamkeit eines Ausbildungsvertrages ist zwar keine Schriftform vorgeschrieben, nach dem *Berufsbildungsgesetz (BBiG)* ist der ausbildende Gesundheitsbetrieb jedoch verpflichtet, nach Vertragsabschluss den wesentlichen Inhalt des Arbeitsvertrages schriftlich niederzulegen.

> Der Musterarbeitsvertrag der *Tarifgemeinschaft deutscher Länder (TdL)* als Arbeitgeberverband der Länder für Ärztinnen und Ärzte, für die der Tarifvertrag-Ärzte gilt und die auf unbestimmte Zeit eingestellt werden, umfasst folgende Inhalte:
>
> § 1: Regelung der Arbeitszeit,
>
> § 2: Tarifvertragliche Grundlagen des Arbeitsverhältnisses,
>
> § 3: Probezeit,
>
> § 4: Eingruppierung/Vergütung,

§ 5: Nebenabreden,

§ 6: Änderungsmodalitäten und Unterschriften.

Das jeweilige **Arbeitsverhältnis** kann in unterschiedlichen Ausprägungen vorliegen und richtet sich nach der arbeitsvertraglichen Regelung. Der *befristete* Arbeitsvertrag kann für einen kalendermäßig festgelegten Zeitraum abgeschlossen werden, wenn hierfür ein sachlicher Grund im Gesundheitsbetrieb vorliegt (längere Krankheitsvertretung, Mutterschaftsvertretung usw.). Er endet sodann automatisch (ohne Ausspruch einer Kündigung) mit dem Ablauf der Zeit, für die er eingegangen wurde.

Durch den Abschluss eines Arbeitsverhältnisses auf *Probe* wird dem Gesundheitsbetrieb die Möglichkeit gegeben, einen Bewerber hinsichtlich Leistung und Eignung für den vorgesehenen Arbeitsplatz zu beurteilen; der Bewerber kann während dieser Zeit ebenfalls den Entschluss, das Arbeitsverhältnis auf Dauer einzugehen, überprüfen. Bei der Einstellung auf Probe handelt es sich bereits um ein echtes Arbeitsverhältnis mit allen sich daraus ergebenden Rechten und Pflichten, das allerdings mit einer kürzeren Frist kündbar ist. Probearbeitsverhältnisse müssen vor Arbeitsbeginn eindeutig als solche vereinbart werden. Ist der Vertrag auf unbestimmte Zeit abgeschlossen, so geht das Probearbeitsverhältnis nach Ablauf der Probezeit in ein Dauerarbeitsverhältnis über, wenn nicht der Gesundheitsbetrieb oder der Mitarbeiter vor Ablauf fristgerecht gekündigt haben.

Ein *Dauerarbeitsverhältnis* in einem Gesundheitsbetrieb wird durch einen Arbeitsvertrag begründet, der nicht auf Probe oder befristet, sondern auf unbestimmte Zeit abgeschlossen ist und damit den gesetzlichen Kündigungsfristen unterliegt.

Arbeitsverhältnisse mit einer kürzeren als der regelmäßigen betriebsüblichen Arbeitszeit sind *Teilzeitarbeitsverhältnisse*. Teilzeitkräfte dürfen gegenüber Vollzeitkräften nicht benachteiligt werden. Sie haben gleichen Urlaubsanspruch wie Vollzeitbeschäftigte. Das Urlaubsentgelt wird jedoch nur im Verhältnis ihrer Arbeitszeit zur betriebsüblichen Arbeitszeit gezahlt.

Der Inhalt des Arbeitsverhältnisses regelt Rechte und Pflichten von Gesundheitsbetrieb und Mitarbeiter.

Im Rahmen der **Arbeitnehmerpflichten** ist die *Arbeitsleistung* als Hauptpflicht des Mitarbeiters anzusehen. Sie muss erbracht werden, wie sie im Arbeitsvertrag vorgesehen ist. Fehlen derartige Vereinbarungen, muss der Mitarbeiter den entsprechenden Weisungen des Gesundheitsbetriebs folgen. Jedoch sind nur ihm gegenüber die Leistungen zu erbringen.

> Die Mitarbeiter eines Gesundheitsbetriebs müssen sich von diesem keinen anderen Arbeitgeber aufdrängen lassen, wie beispielsweise ein mögliches „Ausleihen" einer Arzthelferin an eine befreundete Arztpraxis, die in Personalnöten steckt.

Die *Leistungsart* ergibt sich aus dem Arbeitsvertrag. Die Mitarbeiter sind nur zu der dort vereinbarten Arbeitsleistung verpflichtet. Ist der Arbeitsbereich dagegen weiter gefasst, sind alle Arbeiten zu erbringen, die innerhalb dieses erweiterten Aufgabengebietes anfallen.

Treue- und Verschwiegenheit zählen ebenfalls zu den Pflichten der Mitarbeiter eines Gesundheitsbetriebs. Diese erstrecken sich auf die Interessen des Gesundheitsbetriebs als Arbeitgeber, die zu berücksichtigen sind sowie auf dessen Betriebs- und Geschäftsgeheimnisse (ärztliche Schweigepflicht, Schutz von Patientendaten usw.), die nicht an Außenstehende weitergegeben werden dürfen. Auch sind die Mitarbeiter dazu verpflichtet alles zu unterlassen, was dem Ruf des Gesundheitsbetriebs schaden könnte.

Alle Mitarbeiter sind verpflichtet, *drohende Schäden* (beispielsweise durch Materialfehler, Verschleiß an medizintechnischen Geräten, fehlerhafte Medikamentengabe usw.) dem Gesundheitsbetrieb mitzuteilen. Für Schäden, die aus einer *unerlaubten Handlung* entstehen, haften sie nach den Grundsätzen des *BGB*. Die Haftung ergibt sich auch bei Vorsatz und Fahrlässigkeit.

Der *Leistungsort* ist im Allgemeinen der Gesundheitsbetrieb. Jedoch können sich aus der Eigenart des Gesundheitsbetriebes auch andere Einsatzorte ergeben (beispielsweise Hausbesuche bei Patienten, Notfalleinsätze am Unglücksort usw.).

Im Rahmen der **Arbeitgeberpflichten** des Gesundheitsbetriebs ist die *Bezahlung* für die vom Mitarbeiter erhaltene Leistung als Hauptpflicht anzusehen. Die Höhe des Arbeitsentgeltes wird in erster Linie in Tarifverträgen geregelt.

Eine *Gratifikation* wird als besondere Vergütung neben dem üblichen Arbeitsentgelt aus besonderen Anlässen (Jubiläen, Honorierung besonderer Leistungen usw.) gezahlt. Sie wird als Anerkennung für geleistete bzw. noch zu leistende Dienste und Treue zum Arbeitgeber gewährt. Die Zahlung von Gratifikationen ist nicht gesetzlich geregelt, sondern beruht in Gesundheitsbetrieben in der Regel auf arbeitsvertraglicher Abmachung. Sie kann auch freiwillig ohne Anerkennung einer Rechtspflicht und ohne Übernahme einer Verpflichtung für die Zukunft gezahlt werden. Bei freiwillig gewährten Gratifikationen steht es grundsätzlich im Ermessen des Gesundheitsbetriebs, wem er diese Leistung zukommen lassen möchte. *Vermögenswirksame Leistungen* können durch einzelvertragliche Abmachung im Arbeitsvertrag, in Betriebsvereinbarungen für den gesamten Gesundheitsbetrieb oder in Tarifverträgen vereinbart werden. Sie müssen dann allen Mitarbeitern gewährt werden.

Ein *Überstundenzuschlag* ist gesetzlich nicht vorgeschrieben und bedarf einer gesonderten Regelung unter Berücksichtigung des Grundsatzes der Gleichberechtigung, beispielsweise in einem Tarifvertrag. *Überstunden* sind die über die regelmäßige betriebliche Arbeitszeit des Gesundheitsbetriebs hinaus geleisteten Stunden.

Eine *Leistungszulage* wird in Anerkennung besonderer Leistungen einzelner Mitarbeiter über das tarifliche bzw. vertraglich vereinbarte Entgelt hinaus gezahlt.

Der *Zahlungszeitpunkt* des Gehalts wird in erster Linie durch Tarif- oder arbeitsvertragliche Vereinbarung geregelt.

Die **Entgeltfortzahlungspflicht** nach *BGB* besagt, dass die in der Regel als Angestellte des Gesundheitsbetriebs beschäftigten Mitarbeiter den Anspruch auf das Arbeitsentgelt nicht verlieren, wenn sie nur für eine kurze Zeit durch einen in ihrer Person liegenden Grund ohne ihr Verschulden an der Arbeitsleistung verhindert sind. Dazu zählt beispielsweise die Entgeltfortzahlung im Krankheitsfall. Auf das Arbeitsentgelt wird jedoch der Betrag angerechnet, welcher dem Mitarbeiter für die Zeit der Verhinderung aus einer auf Grund gesetzlicher Verpflichtung bestehenden Kranken- oder Unfallversicherung zukommt.

Die **Fürsorgepflicht** des Gesundheitsbetriebs gegenüber seinen Mitarbeitern umfasst unter anderem die Ausstattung der Arbeitsplätze nach den Vorgaben der *Arbeitsstättenverordnung (ArbStVo)*, die korrekte Behandlung seiner Mitarbeiter sowie die Geheimhaltung ihm anvertrauter und bekannt gewordener persönlicher Daten. Nach dem *Bundesurlaubsgesetz (BUrlG)* hat der Gesundheitsbetrieb jedem Mitarbeiter einen gesetzlich bezahlten Mindesturlaub zu gewähren.

Tabelle 2.1 fasst die wichtigsten individualarbeitsrechtlichen Grundlagen des Personalmanagements zusammen.

Tabelle 2.1 Individualarbeitsrechtliche Grundlagen des Personalmanagements.

Gegenstand	Regelung	Quelle
Arbeitsvertrag	Als schuldrechtlicher Vertrag ein besonderer Fall des Dienstvertrages, durch den sich der Arbeitnehmer verpflichtet, im Dienste des Gesundheitsbetriebes als Arbeitgeber nach dessen Weisungen Arbeit zu leisten, wofür der Arbeitgeber ein Entgelt zu zahlen hat. Im Arbeitsvertrag werden die Rechte und Pflichten von Arbeitgeber und -nehmer geregelt, insbesondere Beginn und Ende der täglichen Arbeitszeit, die Verteilung der Arbeit auf die Wochentage, eine eventuelle Probezeit, Gehalt, Urlaub, Sonderzuwendungen und Kündigungsmöglichkeiten. Der Arbeitsvertrag ist grundsätzlich formlos. Der ausbildende Gesundheitsbetrieb ist jedoch verpflichtet, den wesentlichen Inhalt eines Ausbildungsvertrages schriftlich niederzulegen.	BGB, BBiG

Gegenstand	Regelung	Quelle
Arbeitsverhältnis	- Befristet: kann für einen kalendermäßig festgelegten Zeitraum abgeschlossen werden, wenn hierfür ein sachlicher Grund im Gesundheitsbetrieb vorliegt. - Auf Probe: Möglichkeit, einen Bewerberin hinsichtlich Leistung und Eignung für den vorgesehenen Arbeitsplatz zu beurteilen; bei der Einstellung auf Probe handelt es sich bereits um ein echtes Arbeitsverhältnis mit allen sich daraus ergebenden Rechten und Pflichten, das allerdings mit einer kürzeren Frist kündbar ist. - Dauerarbeitsverhältnis: wird durch einen Arbeitsvertrag begründet, der nicht auf Probe oder befristet, sondern auf unbestimmte Zeit abgeschlossen ist und damit den gesetzlichen Kündigungsfristen unterliegt. - Teilzeitarbeitsverhältnis: Arbeitsverhältnisse mit einer kürzeren als der regelmäßigen üblichen Arbeitszeit im Gesundheitsbetrieb; Teilzeitkräfte dürfen gegenüber Vollzeitkräften nicht benachteiligt werden.	BGB
Arbeitnehmerpflichten	- Arbeitsleistung als Hauptpflicht: muss erbracht werden, wie im Arbeitsvertrag vorgesehen bzw. auf Weisung des Arbeitgebers. - Art der zu leistenden Arbeit: Mitarbeiter sind zu der im Arbeitsvertrag vereinbarten Arbeitsleistung verpflichtet. - Treue- und Verschwiegenheitspflichten: ärztliche Schweigepflicht, Schutz von Patientendaten usw. - Pflicht zur Mitteilung drohender Schäden: bspw. durch Materialfehler usw. - Haftung: für Schäden aus einer unerlaubten Handlung.	BGB

Gegenstand	Regelung	Quelle
Arbeitgeberpflichten	- Bezahlung: für die vom Arbeitnehmer erhaltene Leistung als Hauptpflicht. - Gratifikation: ist nicht gesetzlich geregelt, sondern beruht in der Regel auf arbeitsvertraglicher Abmachung. - Vermögenswirksame Leistungen: können durch einzelvertragliche Abmachung im Arbeitsvertrag, in Betriebsvereinbarungen für den Gesundheitsbetrieb oder in Tarifverträgen vereinbart werden. - Überstunden: Zuschlag für Überstunden ist gesetzlich nicht vorgeschrieben und Bedarf einer gesonderten Regelung. - Entgeltfortzahlungspflicht: wenn die Arbeitnehmer nur für eine kurze Zeit durch einen in ihrer Person liegenden Grund ohne ihr Verschulden an der Arbeitsleistung verhindert sind - Fürsorgepflichten: geeignete Arbeitsstätten, korrekte Behandlung der Mitarbeiter, Geheimhaltung persönlicher Mitarbeiterdaten etc. - Urlaub: gesetzlich bezahlter Mindesturlaub.	BGB, HGB, GewO, ArbStVo, BUrlG

2.2 Kollektives Arbeitsrecht

Das *kollektive* Arbeitsrecht umfasst das Arbeitsrecht zwischen allen Mitarbeitern und dem Gesundheitsbetrieb als Arbeitgeber und erstreckt sich, bezogen auf den einzelnen Gesundheitsbetrieb, insbesondere auf das Tarifvertrags- und Mitbestimmungsrecht, auf arbeitsschutzrechtliche Bestimmungen, regelt aber auch etwa die Themen Streik und Aussperrung bei Arbeitskämpfen.

Im **Tarifvertragrecht** regelt das *Tarifvertragsgesetz (TVG)* das Recht der Tarifverträge. Für das Personalmanagement des Gesundheitsbetriebs von Bedeutung sind die Tarifverträge für das Personal des Gesundheitsbetriebes, welche in der Regel eine Mischung aus Rahmentarifvertrag und Verbandtarifvertrag darstellen: Sie enthalten einerseits als *Rahmentarifvertrag* die Bedingungen für die Ermittlung des Entgeltes für angestellte Ärzte, Krankenpfleger, Arzthelferinnen, Zahnarzthelferinnen, Auszubildende usw. und werden andererseits als *Verbandstarifvertrag* zwischen „Arbeitgeberverbänden" (beispielsweise die *Arbeitsgemeinschaft zur Regelung der Arbeitsbedingungen der Arzthelferinnen/Medizinischen Fachangestellten AAA, Tarifgemeinschaft der Länder TdL* usw.) und der Vertretungen des Personals von Gesundheitsbetrieben (*Verband der Weiblichen Arbeitnehmer e. V. VWA, Deutsche-Angestellten-Gewerkschaft DAG, Berufsverband der Arzt-, Zahnarzt- und Tierarzthelferinnen e. V. BdA, Gesundheitsgewerkschaft Niedersachsen GeNi, Verband medizinischer Fachberufe e.V., Bundesverband der Ärzte des öffentlichen Gesundheitsdienstes e.V.* usw.) abgeschlossen.

> Die Arbeitsgemeinschaft zur Regelung der Arbeitsbedingungen der Arzthelferinnen/medizinischen Fachangestellten AAA ist nach Angaben der Bundesärztekammer die Tarifpartei der ärztlichen Arbeitgeber. Es ist eine reine Arbeitgebergemeinschaft, deren Mitglieder ausschließlich niedergelassene Ärzte sind, die auch gleichzeitig Arzthelferinnen/medizinische Fachangestellte beschäftigen. Einziger Verbandszweck ist der Abschluss von Tarifverträgen für das Praxispersonal, insbesondere für geprüfte Arzthelferinnen/Medizinische Fachangestellte und Auszubildende.

Ein Arbeitsverhältnis ist dann den Bestimmungen des Tarifvertrags unterworfen, wenn die folgenden zwei Voraussetzungen erfüllt sind: Zunächst müssen sowohl die Mitarbeiter als Arbeitnehmer als auch der Gesundheitsbetrieb als Arbeitgeber Mitglied der Verbände sein, die den Tarifvertrag abgeschlossen haben. Als weitere Voraussetzung muss das Arbeitsverhältnis vom Geltungsbereich des Tarifvertrags erfasst sein. Der Geltungsbereich ist im Tarifvertrag festgelegt. Man unterscheidet dabei:

- den *räumlichen* Geltungsbereich: Gebiet, in dem der Tarifvertrag gilt (beispielsweise gesamtes Bundesgebiet, einzelne Bundesländer),

- den *fachlichen/betrieblichen* Geltungsbereich: Gesundheitsbetriebe, Tätigkeiten, Gesundheitsbereiche für die/den der Tarifvertrag gilt,

- den *persönlichen* Geltungsbereich: Er bestimmt, auf welches gesundheitsbetriebliches Personal der Tarifvertrag Anwendung findet (Ärzte, Arzthelferinnen, Pflegepersonal, Reinigungskräfte usw.).

Sind nicht beide Partner des Arbeitsvertrages Mitglied der Tarifsvertragspartner, so gelten die tariflichen Bestimmungen in der Regel auch dann, wenn im Arbeitsvertrag auf den entsprechenden Gehaltstarifvertrag in der jeweils gültigen Fassung ausdrücklich oder auch stillschweigend Bezug genommen wird.

Während die betriebliche Mitbestimmung im Gesundheitsbetrieb für die Betriebe in *privater* Rechtsform im *Betriebsverfassungsgesetz (BetrVG)* geregelt ist, treten an seine Stelle für Betriebe in *öffentlicher* Rechtsform landesspezifische *Personalvertretungsgesetze (PersVG)*. In privatwirtschaftlich organisierten Gesundheitsbetrieben (GmbH, AG etc.) wird ein **Betriebsrat** alle vier Jahre in geheimer und unmittelbarer Verhältnis- oder Mehrheitswahl von der Belegschaft gewählt. Die mitbestimmungspflichtige Regelungen werden in **Betriebsvereinbarungen** festgehalten. Dies sind Vereinbarungen zwischen Gesundheitsbetrieb und Betriebsrat über eine betriebliche Angelegenheit, die betriebsverfassungsrechtlich zu regeln ist. Sie gelten für alle Mitarbeiter unmittelbar und enden durch Zeitablauf oder durch Kündigung. In Gesundheitsbetrieben mit öffentlich-rechtlicher Trägerschaft (Anstalten, Eigenbetriebe etc.) tritt an die Stelle des Betriebsrats der **Personalrat** und an die Stelle der Betriebsvereinbarung die **Dienstvereinbarung**.

Das **Mitbestimmungsrecht** eines gewählten Betriebsrates in einem Gesundheitsbetrieb, ohne dessen Einverständnis eine Maßnahme durch den Gesundheitsbetrieb nicht durchgeführt werden kann, erstreckt sich beispielsweise auf:

- Beginn und Ende der täglichen Arbeitszeit im Gesundheitsbetrieb, Pausenregelung, Verteilung der Arbeitszeit auf die einzelnen Wochentage, Einführung von Schichtplänen.
- Betriebliche Ordnung im Gesundheitsbetrieb: Alkohol- und Rauchverbot; Benutzung von Telefonen, Internet, Parkplatzvergabe usw.
- Vorübergehende Verkürzung oder Verlängerung der üblichen Arbeitszeit: Überstunden, Betriebsurlaub usw.
- Zeit, Ort und Art der Auszahlung der Arbeitsentgelte.
- Aufstellung allgemeiner Urlaubsgrundsätze und des Urlaubsplans.

- Einführung und Anwendung technischer Einrichtungen zur Überwachung des Verhaltens oder der Leistung von Mitarbeitern: Arbeitszeiterfassung, Zugangssysteme, Kameras usw.
- Form, Ausgestaltung und Verwaltung von betrieblichen Sozialleistungen: Bereitstellung von Getränken, Möglichkeit der Zubereitung von Mahlzeiten, Verpflegungszuschüsse usw.
- Fragen der Lohngestaltung im Gesundheitsbetrieb: Mitbestimmung bei der Einführung von Treueprämien, Gratifikationen, Leistungsprämien.

Der Betriebsrat hat auch *Unterrichtungs- und Beratungsrechte*. Er ist beispielsweise rechtzeitig zu unterrichten über:

- geplante Neu-, Um- und Erweiterungsbauten für den Gesundheitsbetrieb,
- neue technische Anlagen und Behandlungseinrichtungen, die eingeführt werden sollen,
- Planung neuer Arbeitsabläufe und -verfahren,
- Planung neuer Arbeitsplätze im Gesundheitsbetrieb.

Auch ist der Betriebsrat in der Regel vor jeder beabsichtigten *Kündigung* anzuhören, damit sie nicht aus formalen Gründen unwirksam wird.

2.3 Arbeitsschutzrecht

Ein weitläufiges Teilgebiet des kollektiven Arbeitsrechts ist das **Arbeitsschutzrecht**. Es erstreckt sich auf allgemeine Vorschriften, die für alle Mitarbeiter des Gesundheitsbetriebs gelten, wie beispielsweise das Arbeitszeitrecht sowie auf Sonderregelungen für einzelne Mitarbeitergruppen: Jugendarbeitsschutzrecht, Mutterschutzrecht, Schwerbehindertenschutzrecht usw.

Das **Arbeitszeitrecht** ist zwar kein Arbeitsschutzrecht im engeren Sinne, bewahrt aber die Mitarbeiter des Gesundheitsbetriebs vor ausufernden Arbeitszeiten. So enthält das *Arbeitszeitrechtsgesetz (ArbZRG)* Regelungen über die werktägliche Arbeitszeit, Verlängerungsmöglichkeiten, Ruhepausen, Ausnahmeregelungen, etwa bei ärztlichen Notdiensten an Wochenenden, erforderlichen Zeitausgleich und vieles andere mehr.

Rechtsgrundlage des **Jugendarbeitsschutzrechts** ist das *Jugendarbeitsschutzgesetz (JArbSchG)*. Es betrifft in erster Linie die in der Regel noch jugendlichen Auszubildenden in Gesundheitsbetrieben. Es regelt das Mindestalter für ein Beschäftigungsverhältnis im Gesundheitsbetrieb sowie die höchstzulässigen täglichen und wöchentlichen Arbeitszeiten. Ferner umfasst es beispielsweise Regelungen über die Teilnahme am Berufsschulunterricht, der Freistellung für die Teilnahme an Prüfungen und der Einhaltung von Ruhepausen.

Das **Mutterschutzrecht** basiert im Wesentlichen auf dem *Mutterschutzgesetz (MuSchG)*. Zur Inspruchnahme des Schutzes hat die werdende Mutter den Gesundheitsbetrieb über die Schwangerschaft zu unterrichten. Es enthält Beschäftigungsverbote in der Zeit vor und nach der Niederkunft sowie im Falle der Gefährdung von Leben oder Gesundheit von Mutter oder Kind. Werdende Mütter dürfen nur dann stehend beschäftigt werden (beispielsweise bei der Stuhlassistenz in der Zahnarztpraxis), wenn Sitzgelegenheiten zum Ausruhen zur Verfügung stehen. Stillende Mütter haben Anspruch auf Stillzeiten, die auch nicht auf Ruhepausen angerechnet werden dürfen oder vor- oder nachzuarbeiten sind.

Rechtsgrundlage für das **Schwerbehindertenschutzrecht** ist das ehemalige *Schwerbehindertengesetz (SchwbG)*, dessen Inhalte in das *Sozialgesetzbuch (SGB)* eingestellt wurden. Da in Einzelbereichen von Gesundheitsbetrieben durchaus auch Schwerbehinderte beschäftigt werden können bzw. in großen Gesundheitsbetrieben zur Vermeidung von Ausgleichsabgaben beschäftigt werden müssen, gilt es, ihre Tätigkeit so zu gestalten, dass sie ihre Fähigkeiten und Fertigkeiten möglichst voll verwerten und weiterentwickeln können. Die Räume des Gesundheitsbetriebs, Arbeitsplätze und Gerätschaften sind im jeweiligen Fall so einzurichten, dass Schwerbehinderte dort beschäftigt werden können. Ferner sind nötige Arbeitshilfen anzubringen.

Der allgemeine **Kündigungsschutz** gilt nach dem *Kündigungsschutzgesetz (KündSchG)* erst in Gesundheitsbetrieben mit einer größeren Mitarbeiterzahl. Im Rahmen des allgemeinen Kündigungsschutzes sind ordentliche,

Rechtliche Rahmenbedingungen des Personalmanagements 41

fristgemäße Kündigungen dann rechtsunwirksam, wenn sie sozial ungerechtfertigt sind. Dies ist der Fall, wenn sie nicht in der Person oder dem Verhalten der Mitarbeiter begründet sind bzw. nicht durch dringende betriebliche Erfordernisse des Gesundheitsbetriebs einer Weiterbeschäftigung entgegenstehen. Eine Kündigung aufgrund dringender betrieblicher Erfordernisse kann nur erfolgen, wenn bei Weiterbeschäftigung der Fortbestand des Gesundheitsbetriebs beispielsweise aus wirtschaftlichen Gründen gefährdet würde.

Einige Personengruppen genießen im Gesundheitsbetrieb Kündigungsschutz durch besondere Kündigungsvorschriften. So ist nach dem *Mutterschutzgesetz (MuSchG)* die Kündigung während der Schwangerschaft und nach der Entbindung unzulässig, wenn dem Gesundheitsbetrieb zur Zeit der Kündigung die Schwangerschaft oder Entbindung bekannt war oder unmittelbar nach Zugang der Kündigung mitgeteilt wurde. Die Kündigung von im Gesundheitsbetrieb beschäftigten Schwerbehinderten bedarf der Zustimmung der jeweiligen Hauptfürsorgestelle.

Der **Mitarbeiterdatenschutz** ist der Schutz des Rechts auf informationelle Selbstbestimmung der Mitarbeiter. Da der Gesundheitsbetrieb dem Mitarbeiter wirtschaftlich und strukturell überlegen ist, die konkrete Ausgestaltung des Arbeitsvertrags bestimmt und die Arbeitsbedingungen festlegt, versucht der Mitarbeiterdatenschutz einen Ausgleich zwischen den unterschiedlichen Interessen der Fremdbestimmung durch den Gesundheitsbetrieb und der Selbstbestimmung des Mitarbeiters zu finden: Es wird geregelt, welche Eingriffe des Gesundheitsbetriebs in das Persönlichkeitsrecht des Mitarbeiters zulässig sind. Auf der Grundlage von Gesetzen (beispielsweise *Bundesdatenschutzgesetz, BDSG*) und Grundsatzurteilen des Bundesarbeitsgerichts werden in der Regel aufgrund von Betriebsvereinbarungen beispielsweise die Nutzung von E-Mail- und Internetdiensten im Gesundheitsbetrieb, der Einsatz von Anzeigen auf Telefonanlagen oder die Themen Videoüberwachung am Arbeitsplatz, Mithören von dienstlichen Telefongesprächen oder der Datenschutz bei Leistungs- und Verhaltenskontrollen geregelt.

Die Videoüberwachung durch den Gesundheitsbetrieb stellt einen erheblichen Eingriff in die Persönlichkeitsrechte der Mitarbeiter dar. Deshalb ist sie nur in besonderen Ausnahmefällen zulässig, etwa zur Überwachung der Intensivversorgung von Patienten oder aufgrund eines besonderen Sicherheitsbedürfnisses im Eingangsbereich, Außenbereich oder in Sicherheitsbereichen von Gesundheitsbetrieben. In diesen Fällen ist auf die Videoüberwachung hinzuweisen. Sie fällt im Übrigen unter die Mitbestimmung des Betriebsrats, genauso, wie beispielsweise die Einführung und Anwendung von technischen Einrichtungen in Zusammenhang mit dem Einsatz von *Heimsoftware, Praxisverwaltungssystemen (PVS)* oder *Krankenhausinformationssystemen (KIS)*, die dazu bestimmt sind, das Verhalten oder die Leistung der Arbeitnehmer zu überwachen.

Die wichtigsten kollektivarbeitsrechtlichen Grundlagen des Personalmanagements sind in **Tabelle 2.2** zusammengefasst.

Tabelle 2.2 Kollektivarbeitsrechtliche Grundlagen des Personalmanagements.

Gegenstand	Regelung	Quelle
Tarifvertragsrecht	Recht der Tarifverträge, die in der Regel eine Mischung aus Rahmentarifvertrag (bspw. Bedingungen für die Ermittlung des Entgeltes) und Verbandtarifvertrag (zwischen Arbeitgeberverbänden und den Vertretungen des Personals von Gesundheitsbetrieben) darstellen.	TVG
Betriebsverfassungsrecht	Regelt die Mitwirkungsmöglichkeiten der Betriebsangehörigen ab einer bestimmten Betriebsgröße: • Mitbestimmungsrechte: Beginn und Ende der täglichen Arbeitszeit, Pausenregelung, Verteilung der Arbeitszeit auf die einzelnen Wochentage, Einführung von Schichtplänen, Alkohol- und Rauchverbot; Benutzung von Telefon; Parkplatzvergabe usw.	BetrVG

Gegenstand	Regelung	Quelle
	• Unterrichtungs- und Beratungsrechte: geplante Neu-, Um- und Erweiterungsbauten, neue technische Anlagen und Behandlungseinrichtungen, die eingeführt werden sollen, Planung neuer Arbeitsabläufe und -verfahren, Kündigungsanhörung usw.	
Arbeitszeitrecht	Regelt die werktägliche Arbeitszeit, Ruhepausen, Beschäftigung an Sonn- und Feiertagen, Überstunden.	ArbZRG
Mutterschutzrecht	Regelt Beschäftigungsverbote, Sitzgelegenheiten zum Ausruhen, Stillzeiten, Verbot von Mehrarbeit (Überstunden) sowie Sonntagsarbeit.	MuSchG
Schwerbehindertenschutzrecht	Erfasst werden Mitarbeiter mit einem Grad der Behinderung (GB) von wenigstens 50 Prozent: Beschäftigungspflicht bzw. Ausgleichsabgabe, zusätzliche bezahlte Urlaubstage, Anbringung von Arbeitshilfen.	SchwbG
Kündigungsschutzrecht	Kündigung kann mündlich oder schriftlich erfolgen. • Ordentliche Kündigung: unter Einhaltung von Kündigungsfristen, ohne Angabe des Grundes. • Außerordentlichen Kündigung: vorzeitige Lösung des Arbeitsverhältnisses ohne Einhaltung der sonst geltenden Kündigungsfrist, wenn besondere Umstände dies rechtfertigen; Kündigungsgrund muss unverzüglich schriftlich mitgeteilt werden. • Fristlose Kündigung: wenn Tatsachen vorliegen, die eine Fortsetzung des Arbeitsverhältnisses dem Kündigenden nicht zumutbar erscheinen.	BGB, KündSchG

Gegenstand	Regelung	Quelle
	- Änderungskündigung: Teile des Arbeitsvertrages sollen verändert werden. - Allgemeiner Kündigungsschutz: Ordentliche, fristgemäße Kündigungen sind rechtsunwirksam, wenn sie sozial ungerechtfertigt sind. - Kündigung aufgrund dringender betrieblicher Erfordernisse: kann nur erfolgen, wenn bei Weiterbeschäftigung der Fortbestand des Gesundheitsbetriebes beispielsweise aus wirtschaftlichen Gründen gefährdet würde. - Befristetes Arbeitsverhältnis: endet mit Ablauf dieses Zeitraums, ohne dass es einer Kündigung bedarf. - Aufhebungsvertrag: In dem Aufhebungsvertrag kann ein beliebiger Zeitpunkt für die Beendigung des Arbeitsverhältnisses festgelegt werden.	
Mitarbeiterdatenschutzrecht	Auf der Grundlage von Gesetzen und Grundsatzurteilen des Bundesarbeitsgerichts werden in der Regel aufgrund von Betriebsvereinbarungen beispielsweise die Nutzung von E-Mail- und Internetdiensten im Gesundheitsbetrieb, der Einsatz von Anzeigen auf Telefonanlagen oder die Themen Thema Videoüberwachung am Arbeitsplatz, Mithören von dienstlichen Telefongesprächen oder der Datenschutz bei Leistungs- und Verhaltenskontrollen geregelt.	BDSG

3 Führung des Behandlungs- und Pflegepersonals

3.1 Ziele des Personals

Die **Ziele**, die sich ein Gesundheitsbetrieb setzt, sind zunächst allgemein als erwünschte Zustände, Zustandsfolgen oder auch Leitwerte für zu koordinierende Aktivitäten anzusehen, von denen ungewiss ist, ob sie erreicht werden. Die konkrete Zielbildung für Gesundheitsbetriebe ist ein komplexes Problem, da es eindimensionale Zielsetzungen (monovariable Zielbildung) oft nicht gibt. Werden hingegen mehrere Ziele (multivariable Zielbildung) verfolgt, so sind ihre Zielverträglichkeiten zu untersuchen. Die Gesamtzielsetzung eines Gesundheitsbetriebes besteht daher immer aus einer Kombination von quantitativen und qualitativen Zielen, die miteinander abgestimmt werden müssen. Die einzelnen Ziele definieren sich in der Regel über Zielinhalt, Zielausmaß und Zeitpunkt.

Zum einen haben die Ziele des Gesundheitsbetriebes unterschiedliche Ausprägungen und unterscheiden sich hinsichtlich der **Zielart** beispielsweise in strategische und operative Ziele, Erfolgs- und Sachziele oder auch in langfristige und kurzfristige Ziele.

Die einzelnen Ziele des Gesundheitsbetriebes stehen zueinander in unterschiedlichen **Zielbeziehungen**. Sie können beispielsweise verschiedene Ränge aufweisen oder unterschiedlich aufeinander einwirken (siehe **Abbildung 3.1**).

Abbildung 3.1 Zielbeziehungen im Gesundheitsbetrieb.

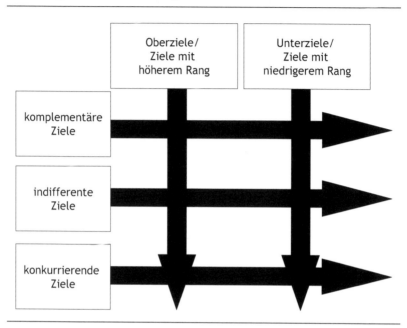

Die **Zielinhalte** sind unterschiedlicher Natur, wobei in einem Gesundheitsbetrieb, in dem oft eine Vielzahl von Menschen miteinander arbeitet, neben wirtschaftlichen auch soziale und persönliche Ziele existieren. Da jeder Mensch, wenn oft auch unbewusst, auf die Verwirklichung seiner persönlichen Ziele hinarbeitet, ist es wichtig, sie in einer Organisation wie dem Gesundheitsbetrieb möglichst miteinander in Einklang zu bringen, denn dies wirkt förderlich und sichert den langfristigen betrieblichen Erfolg. Konkurrierende Ziele einzelner Mitarbeiter können durch ihre Gegenläufigkeit einer erfolgreichen Zusammenarbeit schaden.

> Die Realisierung sozialer Ziele wie die Existenzsicherung und Sicherung eines angemessenen Lebensstandards für alle Mitarbeiter durch eine angemessene und gerechte Entlohnung oder die Realisierung und Entwicklung individueller Fähigkeiten und Fertigkeiten durch eine entsprechende Tätigkeit und Aufgabenzuteilung, trägt in hohem Maß zur Ar-

> beitszufriedenheit bei, was sich positiv auf die Persönlichkeitsentwicklung, Arbeitseinsatz und die Arbeitsbereitschaft der Mitarbeiter des Gesundheitsbetriebes auswirkt.

Die Berücksichtigung der Ziele aller Mitarbeiter sollte am Beginn jeder Überlegungen und Handlungen im Rahmen des Personalmanagements eines Gesundheitsbetriebs stehen. Sie sind deshalb von großer Bedeutung, weil in ihnen alle Wünsche und Absichten der Mitarbeiter festgemacht sind, die sie persönlich und mit ihrer Arbeit in ihrem Gesundheitsbetrieb langfristig verwirklichen wollen. Jeder Mitarbeiter wird immer, wenn auch unbewusst, auf die Verwirklichung der persönlichen Ziele hinarbeiten. Stehen die Ziele einzelner Mitarbeiter in Konkurrenz zueinander, schaden sie zweifelsohne einer erfolgreichen Zusammenarbeit. Ergänzen sie sich oder sind sie zumindest indifferent hinsichtlich gegenseitiger Wechselwirkungen, wirkt dies eher förderlich und sichert somit den langfristigen betrieblichen Erfolg.

Neben den ethischen und wirtschaftlichen Zielen der Leitung des Gesundheitsbetriebs sind die *sozialen* Ziele der Mitarbeiter für das Personalmanagement von besonderer Bedeutung. Diese können von den Zielen der Leitung des Gesundheitsbetriebs abweichen. Die bestmögliche Gestaltung der Arbeitsumstände für die Mitarbeiter ist beispielsweise ein wesentliches soziales Ziel des Gesundheitsbetriebs. Eine Reihe von sozialen Zielen wird in Abhängigkeit von diesem Ziel angestrebt. Alle sozialen Ziele stellen Interessen bzw. Bedürfnisse der Mitarbeiter dar, die diese anstreben und zu verwirklichen suchen.

> Zu typischen sozialen Zielen der Mitarbeiter eines Gesundheitsbetriebs zählen:
> - Entscheidungsspielräume und Selbstbestimmungsmöglichkeiten,
> - Existenzsicherung durch festen Arbeitsplatz,
> - angenehmes Arbeitsklima,
> - Verwirklichung/Entwicklung individueller Fähigkeiten,
> - Anerkennung und Erfolg,
> - angemessene Entlohnung usw.

Die jedoch in der Regel im Vordergrund stehenden ethischen und wirtschaftlichen Ziele des Gesundheitsbetriebs ermöglichen es nicht, dass alle Bedürfnisse und Interessen der Mitarbeiter, die in Zusammenhang mit ihrer Arbeit stehen, befriedigt werden. Die Leitung des Gesundheitsbetriebs sollte daher bemüht sein, Ziele, die Nachteile und Beeinträchtigungen für die Mitarbeiter darstellen, zu vermeiden und Ziele, die Vorteile im Sinne der Befriedigung ihrer Interessen und Bedürfnisse widerspiegeln, zu realisieren (siehe **Tabelle 3.1**).

Tabelle 3.1   Beispiele für negative und positive Zielprojektionen im Gesundheitsbetrieb.

Negative Zielprojektionen (Soziale Nachteile, Beeinträchtigungen)	Positive Zielprojektionen (Soziale Vorteile, „Belohnungen")
Ungünstige Arbeitsbedingungen im Gesundheitsbetrieb	Existenzsicherung und Sicherung eines angemessenen Lebensstandards für alle Mitarbeiter
Stresssituationen durch einen voll gestopften Terminkalender oder falschem Personaleinsatz	Realisierung und Entwicklung individueller Fähigkeiten und Fertigkeiten durch eine entsprechende Tätigkeit und Aufgabenzuteilung
Psychische und physische Über- bzw. Unterforderung von Mitarbeitern	Möglichkeit zum Erwerb neuer Kenntnisse und Fähigkeiten durch Fortbildungs- und Weiterbildungsmaßnahmen usw.
Ungünstige Arbeitszeitregelungen	Entscheidungsspielräume und Selbstbestimmungsmöglichkeiten über Aufgabenbereiche, Arbeitsmethodik und Arbeitsintensität gewähren
Schlechte Führungsstile (autoritär, „diktatorisch")	Umfeldbedingungen der Arbeit im Gesundheitsbetrieb optimal gestalten (Arbeitszeit, Arbeitsbedingungen usw.)

Führung des Behandlungs- und Pflegepersonals

Negative Zielprojektionen (Soziale Nachteile, Beeinträchtigungen)	Positive Zielprojektionen (Soziale Vorteile, „Belohnungen")
Verkümmerung von Fähigkeiten	Anerkennung für Arbeitserfolge zeigen
Arbeitsbedingte physische/psychosomatische Krankheiten (bei häufig auftretenden Stresssituationen, Unverträglichkeiten von Desinfektionsmitteln, Entwickler-/ Fixierflüssigkeiten usw.)	Angenehmes Arbeitsklima durch das Pflegen sozialer Kontakte, die Interaktion und Kommunikation sowie Konfliktfreiheit und -austragungsmöglichkeit ermöglichen
Suchtentwicklung von Mitarbeitern (Alkoholismus, Medikamente usw.).	Entscheidungen, die für alle Mitarbeiter von Bedeutung sind, transparent machen

Einige der in **Tabelle 3.1** vorgestellten Zielprojektionen der Mitarbeiter eines Gesundheitsbetriebs sind spiegelbildlich positive und negative Darstellungen desselben Sachverhaltes, wie beispielsweise die Schädigung der Persönlichkeit durch Verkümmerung individueller Fähigkeiten einerseits und die Forderung nach der Realisierung und Entwicklung individueller Fähigkeiten und Fertigkeiten andererseits.

Durch diese Gegenüberstellung wird deutlich, dass einerseits bei fehlenden Maßnahmen zur Erreichung der sozialen Ziele der Mitarbeiter erhebliche Schädigungen der Arbeit im Gesundheitsbetrieb eintreten können und dass andererseits zur Realisierung sozialer Ziele konkrete Maßnahmen unumgänglich sind. Es reicht somit nicht aus, soziale Nachteile und Beeinträchtigungen für die Mitarbeiter zu vermeiden. Vielmehr muss an der Realisierung der als soziale Vorteile empfundenen Ziele nachhaltig gearbeitet werden.

Auch werden oft nicht alle genannten Zielprojektionen von allen Mitarbeitern gleichermaßen als Beeinträchtigungen oder erstrebenswerten Zustand empfunden. Wichtige Faktoren, die in den einzelnen Mitarbeitern spezifische Bedürfnisse erwecken, sind insbesondere auf die soziale Herkunft, Familie, Bildung und Freundeskreis zurückzuführen. Andere Faktoren haben jedoch weitgehend unabhängig von der individuellen Bedürfnislage einzelner Mitarbeiter große Bedeutung. So sind gesundheitliche und physische Schädigungen aus der Sicht aller Mitarbeiter des Gesundheitsbetriebs schwerwiegende Nachteile. Dagegen sind die Existenzsicherung, die Realisierung von Fähigkeiten sowie teilweise auch die Möglichkeit zu sozialem Kontakt nahezu für alle Mitarbeiter erstrebenswerte Zustände und können weitgehend auch nur durch die berufliche Tätigkeit befriedigt werden.

Zudem sind nicht alle individuellen sozialen Ziele der Mitarbeiter unabhängig voneinander, sondern stehen häufig auch in konkurrierenden Beziehungen. Sie können nicht immer für alle Mitarbeiter oder zumindest nicht gleichzeitig befriedigend erfüllt werden.

Dennoch gilt es, ein größtmögliches Maß an **Arbeitszufriedenheit** für alle Mitarbeiter des Gesundheitsbetriebs anzustreben. Sie stellt die emotionale Reaktion der Mitarbeiter auf ihre Arbeitssituation dar und gibt ihre Einstellung gegenüber ihrer Arbeit im Gesundheitsbetrieb wieder. Die Vermittlung von Erfolgserlebnissen, die angemessene Entlohnung sowie das Fördern von Selbstinitiative und Eigenverantwortlichkeit dienen der Persönlichkeitsentwicklung der Mitarbeiter und beeinflussen ihren Arbeitseinsatz und ihre Arbeitsbereitschaft im Sinne des Gesundheitsbetriebs positiv.

3.2 Führungsstile und Führungsmodelle

Eine erfolgreiche Führung des Gesundheitsbetriebs hängt wesentlich von der Motivation der Mitarbeiter und deren Arbeitsqualität ab. Ein wesentliches Ziel der Mitarbeiterführung ist es daher, durch die Erweckung von Teamgeist und der Schaffung eines guten Arbeitsklimas die Arbeitsqualität zu optimieren.

Die **Mitarbeiterführung** im Gesundheitsbetrieb beinhaltet einen Prozess der steuernden Einflussnahme auf ihr Verhalten zum Zweck der Erreichung bestimmter Ziele. Dazu zählen alle Aktivitäten, die im Umgang mit ihnen verwirklicht werden, um sie im Sinne der Aufgabenerfüllung zu beeinflussen: die positive Beeinflussung des Leistungsverhaltens der Mitarbeiter zur Erfüllung der wirtschaftlichen Ziele sowie die Förderung ihrer persönlichen, sozialen Ziele zur Herbeiführung von Arbeitszufriedenheit. Der optimale Einsatz der Führungsinstrumente ist dann gewährleistet, wenn eine Identifikation der Zielsetzung des Betriebes mit den persönlichen Wünschen der Mitarbeiter herbeigeführt werden kann.

Je nachdem, ob die vorgesetzte Person in einem Gesundheitsbetrieb mehr mit den Mitteln der Autorität, des Drucks und Zwangs oder mehr mit den Mitteln der Überzeugung, der Kooperation und Partizipation am Führungsprozess vorgeht, wendet sie einen unterschiedlichen **Führungsstil** an:

- Autoritärer Führungsstil: Der Vorgesetzte trifft sämtliche Entscheidungen und gibt sie in Form von unwiderruflichen Anweisungen oder Befehlen weiter. Der Vorgesetzte erteilt die Weisungen aufgrund der mit seiner Stellung verbundenen Macht und erzwingt deren Befolgung durch die Anordnung von Sanktionen. Der persönliche Freiheitsbereich der Geführten ist gering. Es herrschen klare Verhältnisse der Über- und Unterordnung, Ausführungsanweisungen, enge Kontrolle sowie soziale Distanz zwischen Vorgesetzten und Mitarbeitern.

- Kooperativer Führungsstil: Geht von einer Mitwirkung der Mitarbeiter an den Entscheidungen des Vorgesetzten aus, die soweit gehen kann, dass der Führende nur den Entscheidungsrahmen absteckt. Der persönliche Freiheitsbereich der Mitarbeiter wächst, und die Übernahme von Verantwortung wird auf sie verlagert. Kennzeichnend für den kooperativen Führungsstil sind daher Kollegialität, Delegation, Partizipation sowie ein Verhältnis gegenseitiger Achtung und Anerkennung zwischen Vorgesetzten und Mitarbeitern.

Da der *kooperative* Führungsstil im Vergleich zum *autoritären* Führungsstil eine Reihe von Vorteilen aufweist (das Zusammengehörigkeitsgefühl der Mitarbeiter wird gestärkt, die Gefahr möglicher Konflikte wird verringert, das Arbeitsklima verbessert sich, die persönliche Entfaltung der Mitarbeiter, deren Kreativität und aktive Mitarbeit werden gefördert),

> sollte daher auf der Praktizierung eines *kooperativen* Führungsverhaltens aufgebaut werden. Es ist aber auch durchaus denkbar, dass bei einzelnen Mitarbeitern vorhandene Bedürfnisse nach Orientierungsmöglichkeiten und Leitung am besten durch eher *autoritäre* Elemente Rechnung getragen wird. In der Praxis hat sich daher eine situationsbezogene (situative) Führung häufig bewährt, in der jeweils notwendige Stilelemente angewendet werden.

Ein weiteres Führungsinstrument stellt die Veränderung der **Arbeitsstrukturierung** dar. Möglichkeiten dazu bieten im Gesundheitsbetrieb:

- Aufgabenerweiterung (job enlargement),
- Arbeitsbereicherung (job enrichment),
- Arbeitsplatzwechsel (job rotation).

Wird eine Auszubildende neben Reinigungs- und Materialpflegearbeiten nach wenigen Wochen bereits mit kleineren Aufgaben im Rahmen der Abrechnungsorganisation betraut (job enlargement), so steigt mit dieser Aufgabenerweiterung ihr Verantwortungs- und Selbstwertgefühl, was wiederum eine Motivationsförderung darstellt.

> Ein Beispiel für eine erhöhte Verantwortung aufgrund vermehrter Entscheidungs- und Kontrollbefugnisse, was zu einer qualitativen Aufwertung der Stelle führt (job enrichment), ist die Ernennung einer bewährten Pflegerin zur Ersten Pflegekraft.
>
> Wird beispielsweise eine Helferin zur Unterstützungsleistung der ZMV eingeteilt und diese Position nach einer gewissen Zeit durch eine weitere Helferin besetzt, nimmt jede Mitarbeiterin in einer Zahnarztpraxis einmal Verwaltungstätigkeiten wahr (job rotation).

Zu den Führungsinstrumenten im Gesundheitsbetrieb zählt auch die Anwendung von **Führungsmodellen**. Sie bauen in der Regel alle auf dem kooperativen Führungsstil auf und schließen sich gegenseitig nicht aus. Inhalt dieser Führungsmodelle sind in erster Linie organisatorische Probleme und ihre Lösung im Rahmen der Führungsaufgabe. Im Laufe Jahre ist eine Vielzahl von Führungsmodellen entwickelt worden, die meist unter der Bezeichnung „Management by ..." zum Teil längst bekannte Prinzipien mit neuen Namen belegen. Zu den wichtigsten zählen:

- Führung durch Aufgabendelegation (Management by delegation),
- Führung nach dem Ausnahmeprinzip (Management by exception),
- Führen durch Zielvereinbarung (Management by objectives),
- Führung durch Ergebnisorientierung (Management by results).

Werden einem Mitarbeiter im Rahmen der Materialwirtschaft Entscheidungsfreiheit und Verantwortung für den Einkauf medizinischen Verbrauchmaterials übertragen, ohne dass die Führungskraft nicht mehr jede einzelne Materialbeschaffung auf Preis, Menge, Art und Lieferant kontrolliert, sondern sich nur stichprobenartige Kontrollen vorbehält, handelt es sich um Management by delegation. Beim Management by exception wird die terminliche OP-Planung beispielsweise einer Fachkraft übertragen und nur in Ausnahmesituationen und ungewöhnlichen Fällen in die Planung eingegriffen. Legen die Führungskraft und die Mitarbeiter gemeinsam bestimmte Ziele fest und können diese dabei im Rahmen ihres Aufgabenbereichs selbst entscheiden, auf welchem Weg die vorgegebenen Ziele erreicht werden, handelt es sich um Management by objectives. Verlangt die Pflegeleiterin von der Auszubildenden, dass das Patientenzimmer in Ordnung gebracht wird und beschränkt sie sich hierbei auf die Ergebniskontrolle, liegt Management by results vor.

3.3 Mitarbeitermotivation

Eng verbunden mit dem Einsatz von Führungsinstrumenten im Gesundheitsbetrieb ist das Thema der **Mitarbeitermotivation**, das als Oberbegriff für jene Vorgänge verstanden werden kann, die in der Umgangssprache mit Streben, Wollen, Begehren, Drang usw. umschrieben und als Ursache für das Verhalten der Mitarbeiter in einem Gesundheitsbetrieb angesehen werden können.

Als Antwort auf die grundlegenden Fragen, wie und was Menschen in Gesundheitsbetrieben zur Arbeitsleistung antreibt oder motiviert, können **Motivationstheorien** dienen (siehe **Abbildung 3.2**):

- Bedürfnishierarchie von *Abraham Maslow* (1908-1979): Nach dieser Theorie sucht der Mensch zunächst seine Primärbedürfnisse (physiologische Bedürfnisse wie Essen, Trinken, Schlafen etc.) zu befriedigen und wendet sich danach den Sekundärbedürfnissen zu, wobei er in folgender Reihenfolge zunächst Sicherheitsbedürfnisse, auf der nächsten Stufe soziale Bedürfnisse, danach Wertschätzung und schließlich auf der höchsten Stufe seine Selbstverwirklichung zu erreichen versucht.

- Zweifaktorentheorie der Arbeitszufriedenheit von *Frederick Herzberg* (1923-2000): Sie geht davon aus, dass es einerseits so genannte Motivatoren gibt, wie beispielsweise Leistung, Anerkennung, Verantwortung etc., die sich auf den Arbeitsinhalt beziehen und die Arbeitszufriedenheit erzeugen und andererseits so genannte Hygienefaktoren (Rand- und Folgebedingungen der Arbeit, beispielsweise Entlohnung, Führungsstil, Arbeitsbedingungen etc.), die Unzufriedenheit vermeiden.

- Anreiz-Beitrags-Theorie von *James March* (geb. 1928) und *Herbert Simon* (1916-2001): Sie geht davon aus, dass die Mitarbeiter vom Gesundheitsbetrieb Anreize empfangen, die nicht nur monetärer Natur sein müssen, und dass sie dafür gewisse Beiträge (beispielsweise Arbeitsleistung) erbringen.

Führung des Behandlungs- und Pflegepersonals

Abbildung 3.2 Grundlegende Motivationstheorien für den Gesundheitsbetrieb.

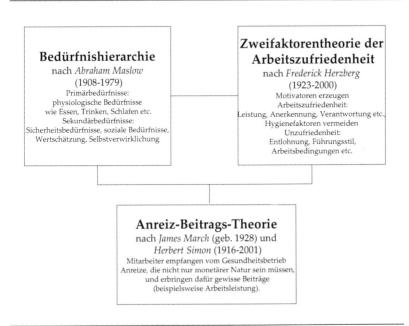

Aufbauend auf den Motivationstheorien versucht man üblicherweise durch ein System von Anreizen das Leistungspotenzial der Mitarbeiter zu aktivieren. Man unterscheidet dabei in der Regel zwischen *materiellen* und *immateriellen* Motivationsanreizen.

Die Gelegenheit zur Motivation durch *Sachleistungen* ergibt sich häufig und muss nicht kostspielig sein. Wichtig dabei ist die Geste und nicht der Sachwert. Dazu zählen auch der jährliche Betriebsausflug oder die Weihnachtsfeier.

Der Bereich der *monetären* Anreize ist unter den Anreizmöglichkeiten als wohl bedeutsamster Bereich anzusehen. Dazu zählt zunächst das Gehalt, welches sich in der Regel nach den geltenden Tarifverträgen richtet. Die Überstundenvergütung ist tariflich ebenfalls geregelt, bietet aber die Gelegenheit zu großzügigeren Vergütungsregelungen, um zu Überstunden zu motivieren. Darüber hinaus gibt es die Möglichkeit neben den gesetzlich und tarifvertraglich vorgeschriebenen Sozialleistungen freiwillige Sozialleistungen zu gewähren. Dazu zählen die Gewährung von Urlaubsgeldern, Geburts- und Heiratsbeihilfen etc.

Ein erfolgsorientiertes **Prämiensystem**, welches sich beispielsweise nach Ergebnisvorgaben, Patientenzahlen oder dem Arbeitsaufkommen richtet, bietet ebenfalls materielle Motivationsanreize. Diese vorher in der Höhe festgelegten Prämienzahlungen werden dann geleistet, wenn eine bestimmte, ebenfalls vorher festgelegte Zielgröße erreicht oder übertroffen wird. Das Prämiensystem sollte dabei je nach Übertreffungsweite der vorher festgelegten Werte gestaffelt und so ausgestaltet sein, dass der durch das Prämiensystem erzielte Ergebniszuwachs nicht durch überhöhte Zahlungen an die Mitarbeiter kompensiert wird. Auch sollte auf die Nachhaltigkeit des Erfolgs geachtet werden, wobei qualitative Aspekte der Patientenversorgung in jedem Fall ebenfalls einbezogen werden müssen, um eine Fehlleitung zu verhindern.

Immaterielle Anreize bieten ebenfalls ein breites Einsatzspektrum für motivationsfördernde Einzelmaßnahmen. Dazu zählen beispielsweise Ansätze für Mitwirkungsmöglichkeiten, Arbeitsumfeldgestaltungen, Möglichkeiten zu einer langfristige Urlaubsplanung, Vermeidung von Überstunden, ansprechende Sozialräume und vieles andere mehr. Aus dem Bereich motivationsfördernder *Ausbildungs- bzw. Aufstiegsanreize* sind die Möglichkeiten zu Beförderungen einzelner Mitarbeiter auf höherwertige Stellen zu nennen oder die Teilnahmemöglichkeit an Fort- und Weiterbildungsmaßnahmen, deren Kosten der Gesundheitsbetrieb übernimmt.

3.4 Betriebsklima und Teamgeist

Zahlreiche Forschungsergebnisse der Organisationspsychologie weisen darauf hin, dass Lohn, Arbeitszeit, Arbeitsplatzgestaltung usw. nicht allein ausschlaggebend für die Arbeitsattraktivität in einem Gesundheitsbetrieb sind. Grundlegende Einflüsse ergeben sich vielmehr aus den zwischenmenschlichen Beziehungen der Mitarbeiter untereinander. Sind diese Beziehungen durch Hilfsbereitschaft, Verständnis und Toleranz geprägt, so kann sich daraus ein positives **Betriebsklima** entwickeln. Es handelt sich dabei um die von den Mitarbeitern individuell empfundene Qualität der Zusammenarbeit im Gesundheitsbetrieb, die für deren Motivation von wesentlicher Bedeutung ist. Die Mitarbeiter richten bewusst oder unbewusst ihr Arbeits- und Sozialverhalten an der Art und Weise des Zusammenwirkens im Gesundheitsbetrieb aus, passen sich an oder widersetzen sich. Ebenso wie ein *negatives* Betriebsklima Phänomene wie Unlust, erhöhte Krankenstände oder gar Mobbing hervorbringen kann, trägt ein *positives* Betriebklima zu Arbeitsfreude, erhöhter Motivation und damit zu besseren Arbeitsergebnissen im Behandlungs- und Pflegebereich des Gesundheitsbetriebs bei.

> Herrschen zwischen den Mitarbeitern des Gesundheitsbetriebs Neid, Missgunst und Misstrauen, anstatt Kameradschaft, Verständnis, Vertrauen und Hilfsbereitschaft, so wirkt sich ein solchermaßen gestörtes Arbeitsklima auch hemmend auf den Arbeitsprozess aus. Fühlt sich eine Pflegekraft durch die Pflegeleitung oder ihre Kolleginnen falsch beurteilt und ungerecht behandelt, ist sie der Meinung, dass man ihren Problemen verständnislos gegenübersteht, dann wird sie sehr schnell der Arbeit überdrüssig und der Gesundheitsbetrieb wird nicht mehr mit ihrem vollen Arbeitseinsatz, der in starkem Maße vom Arbeitswillen abhängt, rechnen können.

Das Problem der Schaffung optimaler Arbeitsbedingungen lässt sich somit nicht allein dadurch lösen, indem sich die Führung des Gesundheitsbetriebes um eine optimale Gestaltung der äußeren Arbeitsbedingungen, also um die Gestaltung des Arbeitsablaufes, des Arbeitsplatzes und um die Regelung der Arbeitszeit und der Arbeitspausen bemüht. Dies trägt zwar in erster Linie zu einer Verbesserung des **Arbeitsklimas** bei, das die spezielle Situation am jeweiligen Arbeitsplatz bezeichnet und unmittelbar auf den einzelnen Mitarbeiter wirkt. Es ist für den Einzelnen dadurch auch leichter veränder- und beeinflussbar. Wichtiger sind jedoch Anerkennung und Sinnvermittlung durch die Führungskräfte des Gesundheitsbetriebs.

Teamgeist bedeutet in diesem Zusammenhang, dass sich alle Mitarbeiter des Gesundheitsbetriebs einer Gruppe angehörig fühlen, in der sie eine bestimmte Rolle wahrnehmen, die von allen anderen Gruppenmitgliedern akzeptiert wird. Diese Gruppe stellt das Team dar, sei es auf Dauer als Pflege-, Praxis-, Behandlungsteam oder auf Zeit als OP-Team oder Arbeitsgruppe. Idealerweise identifizieren sich die Gruppenmitglieder mit ihrer Arbeit, mit den Aufgaben ihres Teams und darüber letztendlich mit ihrem Gesundheitsbetrieb.

Für den Leistungswillen der Mitarbeiter, für ihre Bereitschaft, die volle Leistungsfähigkeit für den Gesundheitsbetrieb einzusetzen, ist ein gutes Verhältnis untereinander und zu den Führungskräften mindestens ebenso wichtig, wie die äußeren Bedingungen. Dabei ist nicht nur die Vermeidung von Konflikten von wesentlicher Bedeutung, sondern vielmehr der richtige Umgang mit ihnen, so dass sie nicht mehr zu Eskalation und Wertschöpfungsverlusten im Gesundheitsbetrieb führen. Dies macht erforderlich, dass sich möglichst alle Mitarbeiter einer Gruppe im Gesundheitsbetrieb angehörig fühlen, in der sie eine bestimmte Rolle wahrnehmen, die von allen anderen Gruppenmitgliedern akzeptiert wird. Idealerweise identifizieren sich die Gruppenmitglieder mit ihrer Arbeit, mit den Aufgaben der Gruppe und ihrem Gesundheitsbetrieb. Diese **Betriebskultur** (Coporate Identity) spiegelt den Umgang, das Auftreten und Benehmen der Mitarbeiter und Führungskräfte des Gesundheitsbetriebs untereinander sowie gegenüber den Patienten wider und wirkt stark auf das Betriebsklima. Dieses positive Gesamtbild wirkt auch nach außen auf den Patientenkreis. Der Patient sieht in dem Personal nicht nur Ansprechpartner, sondern vielmehr Bezugspersonen, auf deren gute und zuverlässige Arbeit er mehr als in irgendeinem anderen Dienstleistungsbereich angewiesen ist. Nicht zuletzt aufgrund seiner Erfahrungen mit ihnen gewinnt er seinen Gesamteindruck von dem Gesundheitsbetrieb und gibt diesen in Multiplikatorfunktion an andere weiter.

Die Betriebskultur ist sicherlich zum Teil auch ein zufälliges Ergebnis der Interaktion der Mitarbeiter im Gesundheitsbetrieb und entzieht sich insofern gezielten Veränderungen durch die Leitung des Gesundheitsbetriebs. Auch kann eine kritische Situation, in der sich ein Gesundheitsbetrieb befindet, dazu beitragen, seine bisherigen Werte und Normen in Frage zu stellen, überkommene Regeln durch neue zu ersetzen und dadurch einen reibungslosen Arbeitsalltag mit produktivem Betriebsklima herzustellen. Prinzipiell erscheint die Betriebskultur jedoch durchaus beeinflussbar zu sein, mit den gewünschten Resultaten innerhalb eines gewissen Rahmens veränderbar und durch gezielte Interventionen nach den Vorstellungen der Leitung des Gesundheitsbetriebs verbesserungsfähig, wobei immer auch unerwünschte Nebenfolgen der Einflussnahme nicht gänzlich auszuschließen sind.

Die Mitarbeiter im Gesundheitsbetrieb verfolgen somit eine Vielzahl individueller und situationsspezifischer Ziele, die sich zu einem komplexen Zielssystem zusammensetzen, so dass es auf das Zusammenspiel zahlreicher Faktoren bei der angestrebten Erreichung eines positiven Betriebsklimas und einer vertrauensvollen Betriebskultur ankommt:

- Vermeidung von starren hierarchischen Strukturen,
- Klarheit der Aufgaben,
- Vermeidung von autoritärem Führungsverhalten,
- Beachtung der sozialen Beziehungen am Arbeitsplatz,
- Vermeidung eines Klima des Misstrauens,
- Eigenverantwortung der Mitarbeiter,
- Vermeidung von schlecht kommunizierten Top-Down-Entscheidungen,
- Beachtung der Bedürfnisse der einzelnen Mitarbeiter,
- Vermeidung der ausschließlichen Ausübung von Organisations-, Planungs- und Kontrollfunktionen durch Führungskräfte,
- Sorgen für Akzeptanz, Wohlbefinden und Identität,
- Individualisierung der Arbeitsgestaltung zur Leistungssteigerung,
- Ausübung sozialer Moderatorfunktion von Führungskräften.

3.5 Konfliktmanagement

Ein weiterer wichtiger Aspekt der Führung des behandlungs- und Pflegepersonals ist der Umgang mit Konflikten. In jedem Gesundheitsbetrieb, in dem Menschen zusammenarbeiten, gibt es Meinungsverschiedenheiten und Differenzen, Auseinandersetzungen und Streitereien. Sie alle stellen als **Konflikte** gegensätzliches Verhalten dar, das auf mangelnder gegenseitiger Sympathie, unterschiedlichen Interessen, Widerstreit von Motiven oder Konkurrenzdenken beruht. Konflikte müssen in Verhandlungs- und Schlichtungsprozessen einer zumindest vorläufigen Lösung zugeführt werden, damit das Arbeitsergebnis nicht darunter leidet. Eine wesentliche Führungsaufgabe ist es daher, positive Wirkungen durch eine richtige Konflikthandhabung zu nutzen, um letztendlich gestärkt aus einer derartigen Auseinandersetzung hervorzugehen (siehe **Abbildung 3.3**).

Abbildung 3.3 Konfliktmanagement im Gesundheitsbetrieb.

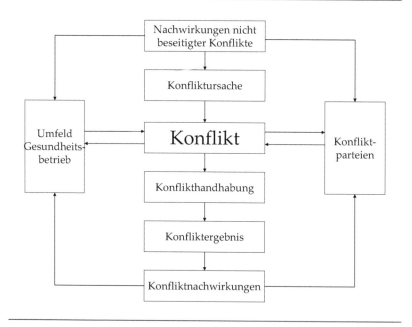

Weit verbreitet ist die Meinung, dass Konflikte stets *negative* Auswirkungen auf die Zusammenarbeit und die Arbeitsergebnisse des Gesundheitsbetriebs haben. Dies ist nicht uneingeschränkt richtig. Sicherlich können sie zu Frustration, Verschlechterung der sozialen Beziehungen, physischen und/oder psychischen Belastungen mit Auswirkungen auf den Leistungsprozess oder zu einer Verschlechterung von Behandlungs- oder Pflegeleistungen führen. Daneben führen Konflikte aber auch nicht selten zu *positiven* Effekten:

- Verbesserung des Arbeitsklimas durch Beseitigung aufgestauter Spannungen, durch Aneignung von Diskussions- und Kooperationsfähigkeit sowie Toleranz, durch Klärung der Kompetenz-, Verantwortungs- und Aufgabenbereiche,
- bessere Berücksichtigung von Mitarbeiterbedürfnissen,
- Leistungssteigerung und Loyalität,
- Auffinden innovativer Problemlösungen.

Die *Ursachen* für Konflikte sind in der Tatsache begründet, dass die einzelnen Mitarbeiter nicht gleichzeitig alle ihre Vorstellungen und Erwartungen verwirklichen können (siehe **Tabelle 3.2**).

Tabelle 3.2 Ursachen für Konflikte in Gesundheitsbetrieben.

Ursache	Beispiele
Als unangemessen empfundene Kritik	Ungezielte, vorschnelle, unsachliche und zu allgemein gehaltene Kritik; kritisiert wird die Persönlichkeit und nicht das Fehlverhalten.
Beziehungsprobleme zwischen den Mitarbeitern	Vorgesetztenverhältnisse, Bildung von informellen Gruppen, Klüngeleien, unzulässige Machtausübung.
Koordinations- und Abstimmungsprobleme zwischen den Mitarbeitern	Mangelhafte Absprachen, Verheimlichungen, unzureichende Weitergabe von Informationen.
Probleme bei der Abgeltung erbrachter Leistungen	Niedriges Gehalt, tatsächlich erbrachte Überstunden, fehlende Anerkennung von Arbeitseinsatz und Mehrarbeit

Ursache	Beispiele
Probleme bei der Arbeitsstrukturierung	Aufgabenhäufung, schlechte Arbeitsbedingungen, häufige Stresssituationen, häufige Überstunden.
Probleme bei der Aufgabenwahrnehmung	Fehlende Qualifikation, fehlende Leistungsbereitschaft, mangelnde Sorgfalt, Unzuverlässigkeit, mangelhafte Leistungen.

Persönlichkeitsmerkmale, wie etwa Aggressionsneigung, Harmoniebedürfnis, Hemmungen, Angst, Stimmungen, Sympathie- und Antipathiegefühle, sind meist nicht die alleinige Ursache von personellen Konflikten, sie können aber deren Auslöser bzw. Verstärker sein, oder aber auch, trotz objektiv vorhandenem Anlass, die Entstehung von Konflikten verhindern bzw. den Verlauf und die Auswirkungen von Konflikten glätten.

> Ein harmoniebedürftiger Mitarbeiter wird versuchen, im Streit zwischen seinen Kollegen zu schlichten. Ein aggressiver, streitsüchtiger Mitarbeiter wird versuchen, mit wem auch immer, eine Auseinandersetzung zu entfachen.

Je nachdem, wie viele Mitarbeiter an einem Konflikt im Gesundheitsbetrieb beteiligt sind, unterscheidet man folgende *Arten* von Konflikten:

- Interpersonelle Konflikte: Konflikte treten überwiegend zwischen zwei oder mehreren Mitarbeitern auf.

- Gruppenkonflikte: zwischen einer Gruppe und einzelnen Mitarbeitern (beispielsweise zwischen allen Angehörigen einer heilpraktischen Einrichtung und dem Heilpraktiker als Chef) sowie zwischen einzelnen Gruppen von Angehörigen der heilpraktischen Einrichtung ((beispielsweise zwischen den Auszubildenden und den ausgelernten Kräften)

- Intrapersoneller Konflikt: Konflikte, die in einer einzelnen Person begründet sind.

> Interpersonelle Konflikte können beispielsweise bei der Urlaubsplanung zwischen zwei Krankenpflegehelferinnen oder einer Helferin und der Pflegeleiterin auftreten. Gruppenkonflikte liegen beispielsweise bei Auseinandersetzungen zwischen der Gruppe der Altenpfleger und der Pflegeleiterin oder der Gruppe der Rettungsassistenten und der Gruppe der Krankenpfleger vor. Ein intrapersoneller Konflikt kann auftreten, wenn ein vorgesetzter Arzt gleichzeitig Betriebsratsmitglied ist und aus diesem Grunde einerseits die Interessen des Arbeitgebers und andererseits gleichzeitig die der Mitarbeiter vertreten muss.

Verborgene Konflikte lassen kein Konfliktgeschehen, wie etwa eine lautstarke Auseinandersetzung zwischen zwei Mitarbeitern, erkennen, obwohl ein Konfliktpotenzial und auch ein Konfliktanlass häufig vorhanden sind. Diese Verborgenheit kann verschiedene Ursachen haben:

- Die beiden gegenüberstehenden Seiten nehmen das Konfliktpotenzial bzw. den -anlass noch nicht wahr,

- die beiden gegenüberstehenden Seiten sehen den Anlass als nicht so wichtig an, offen darüber zu streiten,

- die beeinträchtigte Seite fürchtet, ein offenes Austragen eines Streits würde ihre Situation verschlechtern,

- beide Seiten sehen sich außerstande, einen offenen Konflikt auszutragen.

Auch derartige unterschwellige, nicht sichtbare Konflikte können zum offenen Ausbruch kommen. Das aufgestaute Konfliktpotenzial kann dann zu besonders heftigen Konflikten führen. Anzeichen für solche Konflikte sind oft untypische Verhaltensweisen von Mitarbeitern, kleine Sticheleien, Randbemerkungen oder aber auch psychosomatisch bedingte Krankheitssymptome, die nicht selten zum Fernbleiben von der Arbeit führen.

Im Allgemeinen weisen Konflikte im Gesundheitsbetrieb somit unterschiedliche *Verlaufsformen* auf (siehe **Tabelle 3.3**).

Tabelle 3.3 Verlaufsformen von Konflikten im Gesundheitsbetrieb.

Form	Beschreibung
Offene Austragung	Beide Konfliktseiten versuchen ihre gegensätzlichen Interessen ganz oder teilweise zu verwirklichen.
Unterdrückung	Eine Seite, die im Gesundheitsbetrieb die entsprechende Macht besitzt, lässt einen offenen Konflikt nicht zu oder setzt ihre Interessen unmittelbar durch und beendet den Konflikt dadurch.
Vermeidung	Trotz eines vorhandenen „Spannungspotenzials" werden keine Konfliktaktivitäten ergriffen.
Umleitung	Ein Konflikt wird mit einer anderen als der Anlass gebenden Seite ausgetragen.

Offene Konfliktaustragungen führen oft zu regelrechten „Machtkämpfen" im Gesundheitsbetrieb. Lassen sich keine Kompromisse erzielen, kann der erlangte Vorteil der einen Seite völlig zu Lasten der anderen Seite gehen. Folgen einer Konfliktvermeidung durch Vorwegnahme eines negativen Ergebnisses bzw. Einnahme der Verliererposition sind in der Regel ein Rückzugsverhalten, das im Extremfall bis zur Kündigung führen kann. Bei der Konfliktumleitung kann die aufgestaute Frustration anderen Mitarbeitern gegenüber oder auch im familiären Kreis ein aggressives Verhalten hervorrufen.

Eine offene Konfliktaustragung ist daher häufig einer Konfliktunterdrückung, -vermeidung oder -umleitung vorzuziehen. Sie kann als „reinigendes Gewitter" durchaus auch positive Folgen für die zukünftige Zusammenarbeit aller Mitarbeiter im Gesundheitsbetrieb haben. Jedoch können Konflikte oft nicht endgültig gelöst werden, daher erscheint der Begriff *Handhabung* für den Umgang mit Konflikten im Gesundheitsbetrieb besser geeignet. Ziel ist es dabei, Konflikte durch Schlichtung zwischen den konträren Seiten zumindest zeitweise beizulegen, ihre Ursachen zu ermitteln und diese soweit möglich zum Zwecke einer langfristigen Beruhigung der

Situation und eines möglichst konfliktfreihen Arbeitens zu beseitigen. Hierzu stehen verschiedene Maßnahmen zur Verfügung (siehe **Tabelle 3.4**):

Tabelle 3.4 Maßnahmen zur Handhabung von Konflikten im Gesundheitsbetrieb.

Maßnahme	Beschreibung
Vorgezogene Schlichtung	Versuch, erkannte Konfliktpotenziale und deren Ursachen zu beseitigen.
Vorgabe von Verlaufsregeln	Steuerung dahingehend, dass durch Auseinandersetzungen nicht die Leistungen des Gesundheitsbetriebs beeinträchtigt werden.
Steuerung des Verlaufs	Aufzeigen bisher in der Auseinandersetzung nicht berücksichtigter Lösungsalternativen.
Schlichtung	Beide Seiten werden gezwungen, die vom Schlichter genannte Problemlösung zu akzeptieren.
Gemeinsame Problemlösung	Beide Seiten werden dazu bewegt, gemeinsam das Problem zu definieren und Lösungsmöglichkeiten zu entwickeln, wobei der Prozess erst endet, wenn für beide Seiten eine akzeptable Problemlösung gefunden wurde.

Bei Strafandrohungen (Zurechtweisungen, Verweigerung von Gehaltserhöhungen, Drohung mit Kündigung etc.) werden vorhandene Konfliktursachen nicht beseitigt, sondern in ihrer Wirkung eher verstärkt. Auch Zufallsurteile (Münzwurf, Los etc.) stellen eine unzuverlässige Konfliktlösung dar, weil die unterlegen Seite oftmals weiterhin an der von ihr vertretenen Position festhält, so dass eine erneute Auseinandersetzung droht.

4 Ermittlung des Personalbedarfs

4.1 Quantitativer Personalbedarf

Zur Ermittlung des quantitativen Personalbedarfs für den Gesundheitsbetrieb ist die Frage zu stellen: Wie viel Personal wird zur Erfüllung der Aufgaben benötigt? Zur Berechnung der Anzahl der für den Gesundheitsbetrieb benötigten Mitarbeiter, geht man von unterschiedlichen Personalbedarfsarten aus:

- Bruttopersonalbedarf: benötigte Leistungsstunden sowie alle anderen Arbeitszeiten, wie vorgeschriebene Pausen, Rüstzeiten für das Vorbereiten von Eingriffen oder die Einrichtung von Behandlungsräumen, Übergabezeiten, Zeiten für Krankenstand und Urlaub,

- Nettopersonalbedarf: benötigte Leistungsstunden,

- Ersatzbedarf: durch ausscheidende Mitarbeiter verursachter Bedarf,

- Zusatzbedarf: über den derzeitigen Bestand hinausgehender zeitlich befristeter oder unbefristeter Bedarf,

- Reservebedarf: für Notsituationen bereit gehaltenes Stammpersonal.

Ein *Ersatzbedarf* entsteht durch das Ausscheiden von Mitarbeitern des Gesundheitsbetriebs infolge von Kündigung, Freistellung, Verrentung, Mutterschafts- und Erziehungszeit usw. Die ausscheidenden Mitarbeiter sind als Arbeitskräfte zu ersetzen. Ein *Zusatzbedarf* kann sich als Folge von Ausweitungen der Behandlungs- oder Pflegekapazitäten ergeben, oder auch aufgrund von Arbeitszeitverkürzungen oder neuen Aufgaben, die durch das vorhandene Personal nicht abgedeckt werden können. Der gesamte quantitative Personalbedarf lässt sich somit zunächst folgendermaßen ermitteln:

Aktueller Personalstand – Abgänge + Zugänge + Zusatzbedarf
=
Personalgesamtbedarf

Mit der Ermittlung des Ersatz- bzw. Zusatzbedarfes ist aber nur ein Teil der Frage „Wie viel Personal wird zur Erfüllung der Aufgaben des Gesundheitsbetriebs benötigt?" beantwortet, denn dabei wird von der Annahme ausgegangen, dass der gegenwärtige bzw. zukünftige Belegschaftsstand stimmt: Die Mitarbeiter des Gesundheitsbetriebs sind einerseits nicht überlastet und sitzen andererseits aufgrund zu geringen Arbeitsanfalls auch nicht untätig herum. Es muss also zusätzlich der Frage nachgegangen werden „Wie groß ist der *optimale Personalbestand*, damit arbeitsmäßige Über- und Unterauslastungen vermieden werden?".

Grundlage für die quantitative Bedarfsermittlung ist somit das Arbeitsaufkommen, das sich aus dem gewünschten Serviceniveau des Gesundheitsbetriebes und seinem angestrebten Leistungsvolumen ergibt. Zu berücksichtigen sind dabei Urlaub, Pausen, Krankheitsausfälle, Abwesenheiten wegen Fortbildungsmaßnahmen etc. und die Entwicklung der Personalkosten im Verhältnis zu den betrieblichen Gesamtkosten.

Die eigentliche Bedarfsberechnung erfolgt häufig in **Personentagen (PT)**, **Vollzeitkapazitäten (VZK)** bzw. **Full Time Equivalents (FTE)**.

In einem stark vereinfachten Ansatz sind zur Errechnung des optimalen Personalstandes zunächst die unterschiedlichen zu verrichtenden Aufgaben und Tätigkeiten im Gesundheitsbetrieb zu ermitteln. Die einzelnen Aufgaben sind mengenmäßig zu bewerten, um die durchschnittliche ($\varnothing$) Arbeitsmenge festzustellen. Die durchschnittliche Arbeitsmenge ist anschließend mit der durchschnittlichen Bearbeitungszeit je Aufgabe oder Tätigkeit zu multiplizieren. Ferner ist ein Ausfallzeitfaktor (Fehlzeiten, FZ) zu berücksichtigen, der sich als Erfahrungswert aus im Arbeitsprozess unregelmäßig anfallenden Ausfallzeiten, wie Ermüdung, Wartezeiten, Nebenarbeiten usw. zusammensetzt. Zum Schluss ist durch die durchschnittlichen Arbeitsstunden zu teilen (siehe **Tabelle 4.1**).

Tabelle 4.1 Vereinfachter Ansatz zur quantitativen Personalbedarfsermittlung in einer Zahnarztpraxis.

Aufgabe/Tätigkeit	Behandlungsassistenz
⌀ Arbeitsmenge	40 Behandlungsfälle/Tag
⌀ Bearbeitungszeit	30 min (= 0,5 Stunden) inklusive Vor-/ Nachbereitung
FZ	1,18
⌀ Arbeitstunden	8/Tag
Formel	(⌀ Arbeitsmenge * ⌀ Bearbeitungszeit * FZ) ÷ ⌀ Arbeitsstunden
Berechnung	(40 * 0,5 * 1,18) ÷ 8 = 2,95
Ergebnis	Für die Aufgabe Behandlungsassistenz werden 3 VZK benötigt.

Der Krankenhausauschuss der *Ärztekammer Schleswig-Holstein* schlägt bei der Personalberechnung des Ärztebedarfs folgende Vorgehensweise vor (siehe **Tabelle 4.2**):

- Inventur aller Aktivitäten: Direkte Tätigkeiten in der Patientenversorgung, indirekte Tätigkeiten (beispielsweise Notdienst, Studentenunterricht, Forschung, Betriebs- und Personalratstätigkeiten, Konsiliardienste, Hygienebeauftragter, Patientenschulungen, Arzneimittelkommission, Gutachten, Leitungstätigkeiten, Qualitätsmanagement etc.), Überprüfung der Ausfallzeiten (kann aufgrund von beispielsweise chronischen Erkrankungen, größeren Unfällen oder Operationen der Kollegenschaft im Einzelfall höher, als die üblicherweise pauschal angenommene Fehlzeitenquote von 15 Prozent sein).

- Ermittlung der Gesamtleistung mit alternativen Verfahren:
  - Die für jede der üblichen ärztlichen Tätigkeiten angeführten pauschalierten Minuten- und Stundenwerte werden addiert und es wird eine Stundenzahl pro Jahr ermittelt.

- Bestimmte Zeitblöcke werden festgelegt und für die weitere Kalkulation zugrunde gelegt (zum Beispiel fixer Zeitwert für Aufnahme – und Abschlussuntersuchung, Entlassungsbrief multipliziert mit der Zahl stationärer Patienten pro Jahr; „OPFaktor": Pro Operation werden 2,5 Ärzte angesetzt – werden in einer Abteilung beispielsweise pro Woche täglich 2 OP-Säle besetzt, so sind hierfür 5 Ärzte erforderlich; „Endoskopie-/Sonographiefaktor" usw.).

- Ermittlung des Personalbedarfs anhand von Fallzahlen entweder als Minutenwerte (ein Appendicitis-Patient wird mit insgesamt 550 „Arztminuten" angesetzt – bei Problemen mit 1200 „Arztminuten"; eine Entbindung mit 350 „Arztminuten") oder umgekehrt, als Fälle pro Arzt pro Jahr (unkomplizierter Diabetes mellitus: 240 Fälle pro Arzt, transurethrale Prostataresektion: 150 Fälle pro Arzt usw.).

- Ermittlung der Personalstärke: Teilung der ermittelten Stunden pro Jahr durch die Jahresarbeitsleistung eines Arztes, in der Regel auf der Basis der 48 Stunden Woche, (40 Stunden Vollarbeit plus 8 Stunden Bereitschaftsdienst pro Woche) geteilt. Daraus ergibt sich die Anzahl der erforderlichen Vollzeitkräfte (VK). Diese Zahl wird mit dem Fehlzeitenfaktor (15 Prozent FZ entsprechen in etwa dem Faktor 1,18) multipliziert.

Tabelle 4.2 Modellrechnung zur Ermittlung des ärztlichen Personalbedarfs in Krankenhäusern Quelle: In Anlehnung an die Planungsrichtgrößen des Krankenhausausschusses der Ärztekammer Schleswig-Holstein (2008).

Chirurgische Abteilung/Schwerpunktversorgung		
Kern- und Regelarbeitszeit (Montag – Freitag: 8:00 bis 16:00 Uhr)	2 Stationen à 25 Patienten	2,0
	2 Operationssäle (OP-Faktor 2,5)	5,0

	1 Ambulanz	2,0
	Notarztwagen	0,5
	Betriebsrat, Unterricht	0,5
	Weitere Tätigkeiten	0,5
	Ärztl. Direktor des Krankenhauses	0,5
	Zwischensumme der VZK	11,0
Zeiten außerhalb der Regelarbeitszeit (Abend, Nacht, Wochenende, Feiertage) (Annahme: 2 Ärzte aus medizinischen Erwägungen erforderlich; Bereitschaftsdienststufe II oder III nach TVÄ)	6760 Stunden/Jahr * 2 = 13.520 Stunden pro Jahr 13.520 Stunden ÷ 2400 Stunden pro VZK/Jahr	5,633
	Zwischensumme der VZK	5,633
Gesamtsumme der erforderlichen VZK	Gesamtsumme der VZK	16,633
Erforderliche Personalzahl	VZK * FZ-Faktor (z.B. 1,18)	19,63

Innere Abteilung/Grund- und Regelversorgung

Berechnung des ärztlichen Dienstes gem. DKI nach Fallzahlen, unabhängig ob stationär oder ambulant	Innere Abteilung bei 3000 bis 4000 Fällen	330 bis 345 Fälle pro VZK
	Intensivbehandlung bis 3000 Fälle	100 Fälle pro VZK
	Intensivüberwachung bis 3000 Fälle	210 Fälle pro VZK
	Endoskopie bis 3000 Fälle	2250 Fälle pro VZK

		Schreibdienst	1 VZK auf 3200 Fälle
		ärztliche Sekretariate (je Abtlgsltg.)	3000 Fälle eine VZK
		Sozialarbeiter/Sozialpädagoge	pro 6500 Fälle eine VZK
		Sonographien	100.000 Untersuchungs min. pro VZK
Fälle pro Jahr	stationär	3100	
	prästationär	300	
	ambulant	180	
	davon Intensivbehandlungen	100	
	davon Intensivüberwachungen	160	
	Endoskopien Gesamt	1449	
	Sonographien	2000	
Stationäre Fälle ohne Intensivbehandlung und Intensivüberwachung	3100 − 160 − 100 = 2840 Fälle; 2840 ÷ 345		8,23 VZK
Intensivbehandlungen	100 Fälle		1,0 VZK
Intensivüberwachungen	160 Fälle		0,75 VZK
Prästationäre und ambulante Behandlungen	300 +180 = 480 Fälle; 480 ÷ 345		1,39 VZK
Endoskopien	1449 Untersuchungen		0,64 VZK
Sonographien	2000 Untersuchungen à 25 Minuten		0,5 VZK
Bedarfsermittlung gem. DKI	Zwischensumme VZK		12,51 VZK

Übernahme von Aufgaben aus dem Bereich Schreibdienst und Sozialdienst	Schreibdienst gem. DKI 0,5 VZK Sozialdienst gem. DKI 0,5 VZK	1,0 VZK
Personalbedarf gem. DKI	Gesamtsumme VZK	13,51

Da fixe Minuten-, oder Fallwerte nur für die häufigsten Erkrankungen und auch in der Regel nur für Standardsituationen existieren, müssen Mehrfacherkrankungen, nicht klar zuzuordnende Symptomkomplexe etc. auf andere Art (Minutenwerte für einzelne Tätigkeiten) erfasst werden.

4.2 Qualitativer Personalbedarf

Bei der Ermittlung des qualitativen Personalbedarfs im Gesundheitsbetrieb ist zu fragen: Welches Personal wird zur Erfüllung der Aufgaben benötigt bzw. genauer: Über welche Qualifikationen muss es verfügen, damit es die Aufgaben erfüllen kann? Die qualitative Personalbedarfsermittlung hat dazu die Erfassung der Arbeitsanforderungen an die einzelnen Arbeitsplätze im Gesundheitsbetrieb zum Gegenstand, um dadurch das benötigte Qualifikationspotenzial zu ermitteln. Dabei sind *fachliche und persönliche* Qualifikationsmerkmale gleichermaßen zu berücksichtigen.

Die **Arbeitsanalyse** bildet dabei die Grundlage für die Gewinnung von Informationen über die fachlichen und persönlichen Leistungsanforderungen eines Aufgabenbereichs. Sie umfasst die systematische Untersuchung der Arbeitsplätze und Arbeitsvorgänge im Gesundheitsbetrieb sowie jener persönlichen Eigenschaften, die der jeweilige Mitarbeiter als Stelleninhaber zur Erfüllung der an ihn gerichteten Leistungserwartungen besitzen sollte. Die Arbeitsanalyse dient der Ermittlung sowohl der Arten als auch des jeweiligen Ausmaßes der Arbeitsanforderungen, der Ableitung von Anforderungsprofilen, dem Entwurf von Arbeitsplatzbeschreibungen, der Arbeitsablaufgestaltung und der Einarbeitung neuer Mitarbeiterinnen und Mitarbeiter.

Im Rahmen des Projekts Partizipation und interaktive Interdisziplinarität für eine zukunftsfähige Arbeitsforschung – PIZA, gefördert vom BMBF im Rahmen der Förderinitiative Innovative Arbeitsgestaltung – Zukunft der Arbeit wurde in dem Praxisprojekt Gesunde Beschäftigte und gute Servicequalität in der ambulanten Pflege unter Kooperation mit dem Ministerium für Arbeit, Familie, Soziales und Gesundheit des Landes Rheinland-Pfalz und acht Unternehmen aus Rheinland-Pfalz sowohl freigemeinnützige als auch privat gewerbliche Anbieter ambulanter Dienste mit insgesamt 230 Beschäftigten, im Jahre 2003 eine Arbeitsanalyse durchgeführt, die den beruflichen Alltag der Pflegekräfte in der ambulanten Pflege dokumentieren und die Grundlage für die weitere Arbeitsgestaltung bilden sollte. Als Ergebnis dieser Analyse wurde unter anderem eine besondere psychische Belastung festgestellt, die auf Hindernissen in der Durchführung der Arbeit, die einen Zusatzaufwand für die Beschäftigten bedeuten, beruhen. „Dabei geht es nicht um Schwierigkeiten, die der Beruf mit sich bringt und die die Beschäftigten mit ausreichend Ressourcen zum Beispiel Zeit- und Handlungsspielraum effektiv und gesundheitsgerecht bewältigen können", sondern um

- Blockierungen: ungeplante Behinderungen bei der Arbeitsdurchführung, welche zu Wartezeiten führen,

- Informatorische Erschwerungen: Fehlen von für die Arbeitsdurchführung notwendigen Informationen,

- Unterbrechungen durch Funktionsstörungen: ungeplante Behinderungen bei der Arbeitsdurchführung, die durch Mängel an Hilfsmitteln für die Betreuung auftreten,

- Motorische Erschwerungen: unterschiedliche Widersprüche zwischen Arbeitsaufgabe und den Ausführungsbedingungen (fehlende Hilfsmittel, defizitäre Raumbedingungen für ergonomisches Arbeiten etc.),

- Unterbrechungen durch Personen: mit der unmittelbaren Arbeitsaufgabe zusammenhängende Unterbrechungen durch andere Personen vorrangig außerhalb des Betreuungsbeziehung.

Außergewöhnlich körperlich-beanspruchendes Arbeiten – im Besonderen beim Bewegen der KlientInnen – wurde in Zusammenhang mit der Arbeitsanalyse ebenso festgestellt, wie hohe psychosoziale Anforderungen, zum Beispiel durch Interaktionsschwierigkeiten mit KlientInnen und insbesondere mit Angehörigen, emotionale Faktoren, die durch Krankheit oder Sterben und andere Themen verursacht sind.

Im Rahmen der Arbeitsanalyse werden Anforderungsarten definiert. Unter **Anforderung** ist zunächst die Beherrschung gewisser Teilarbeitsvorgänge zu verstehen, die aus der Zerlegung der Aufgaben und Tätigkeiten in einzelne Arbeitsschritte gewonnen werden. Die einzelnen Anforderungsarten lassen sich nach *Scholz* (1989) unterschiedlich klassifizieren (siehe **Abbildung 4.1**). Je nach verwendetem Schema gibt es folgende Anforderungsarten:

- geistige Fähigkeiten (Schulausbildung, Fachkenntnisse, Abstraktionsvermögen, Flexibilität),

- körperliche Fähigkeiten (Kraft, Geschicklichkeit, manuelle Fertigkeiten, Sportlichkeit),

- Verantwortung (Verantwortungsbewusstsein, Sorgfalt, eigenverantwortliches Handeln),

- geistige Arbeitsbelastung (Stressbewältigung, Arbeitsbewältigung, Schwerpunktsetzung),

- körperliche Arbeitsbelastung (Ausdauer, Anstrengungsbereitschaft, Einsatzwille),

- persönliche Eigenschaften (Führungsfähigkeit, Überzeugungsvermögen, Durchsetzungsfähigkeit, soziale Kompetenz (kann zuhören, nimmt sich Zeit für Gespräche, zeigt Verständnis, geht auf andere zu, bringt anderen Vertrauen entgegen, nimmt Rücksicht auf die Gefühle anderer, überschätzt sich selber nicht), Umgangsformen).

Abbildung 4.1 Allgemeine Merkmale von Arbeitsplatzanforderungen nach *Scholz* (1989).

Genfer Schema	REFA Schema	Beispiele
Können	Kenntnisse	Ausbildung, Erfahrung
	Geschicklichkeit	Handfertigkeit, Gewandtheit
Belastung	Verantwortung	Eigene Arbeit, Arbeit anderer, Sicherheit
	Psychische Belastung	Aufmerksamkeit Denktätigkeit
	Physiologische Belastung	dynamische, statische, einseitige Arbeit
Umgebungseinflüsse		Klima, Lärm, Staub, Hitze
		Nässe, Schmutz, Dämpfe
		Ansteckungsgefahr, Unfallgefahr

Aus diesen Anforderungsarten lassen sich nun **Anforderungsprofile** für das Personal des Gesundheitsbetriebs entwickeln. Je nach Aufgaben und Tätigkeiten im Gesundheitsbetrieb sehen die einzelnen Profile unterschiedlich aus. In **Abbildung 4.2** werden anhand der oben aufgeführten Anforderungsarten jeweils ein Anforderungsprofil für eine Assistenzhelferin und eine Verwaltungshelferin in einer Zahnarztpraxis gegenübergestellt. Dabei werden auf einer Skala von 1 bis 6 die unterschiedlichen Wichtigkeiten der einzelnen Anforderungsmerkmale eingetragen:

Ermittlung des Personalbedarfs

Abbildung 4.2 Mögliche Personalanforderungsprofile für eine Zahnarztpraxis.

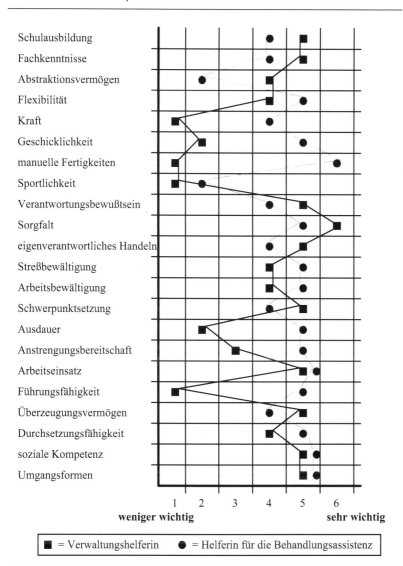

Die richtige Ermittlung des qualitativen Personalbedarfs ist für die reibungslose Arbeit im Gesundheitsbetrieb von großer Bedeutung: Eine fehlerhafte qualitative Personalbedarfsermittlung führt zur Einstellung des falschen Personals und damit zu unter Umständen dauerhaften, kostenintensiven Problemen.

Die unterschiedlichen Anforderungsprofile zeigen deutlich, dass die Mitarbeiter je nach Aufgabe die passenden Qualifikationsmerkmale aufzeigen sollten: Eine Helferin, die keinerlei praktisches Geschick aufweist, kann wohl kaum für Laboruntersuchungen eingesetzt werden; eine andere Helferin, die Probleme im schriftlichen Ausdruck hat oder mit den Abrechnungsarbeiten auf Kriegsfuß steht, ist nicht für die Praxisverwaltung geeignet. Gleichwohl können beide Helferinnen für andere Aufgaben aber umso besser geeignet sein.

4.3 Zeitlicher Personalbedarf

Neben den quantitativen und qualitativen Aspekten hat der Personalbedarf auch eine zeitliche Komponente: Bei der Ermittlung des zeitlichen Personalbedarfs ist daher danach zu fragen: Wann wird das errechnete Personal mit den ermittelten Qualifikationen benötigt?

Der zeitliche Personalbedarf im Gesundheitsbetrieb ergibt sich im Wesentlichen aus den Veränderungen

- des Personalbestandes und

- des Arbeitsanfalls.

Die Veränderungen des *Personalbestandes* resultieren, wie bereits dargestellt, aus Zu- und Abgängen der Belegschaft des Gesundheitsbetriebs.

Diese Personalfluktuation, die den *Ersatzbedarf* verursacht, ist in der Regel zeitlich absehbar, denn Kündigungen (es sei denn, sie sind fristlos), Verrentungen, Erziehungs- oder Mutterschaftsurlaub treten nicht urplötzlich auf. So können rechtzeitig bei Bekanntwerden des Ausscheidens von Mitarbeitern des Gesundheitsbetriebs entweder

- eine Regeneration mit vorhandenen Auszubildenden oder
- Stellenwiederbesetzung durch Neueinstellungen

geplant werden. Bei der Regeneration sind die noch zu absolvierenden Ausbildungszeiten der Auszubildenden, die übernommen werden sollen zu berücksichtigen. Ferner sind die dann frei werdenden Ausbildungsplätze wieder zu besetzen. Bei Neueinstellungen ist der Zeitraum zwischen der Personalwerbung, -auslese und dem tatsächlichen Arbeitsbeginn zu berücksichtigen. Die Personalrekrutierung sollte daher unmittelbar nach Bekanntwerden des Ausscheidens von Mitarbeitern eingeleitet werden, zumal der jeweilige, regionale Arbeitsmarkt für Heil- und Pflegeberufe nicht immer die sofortige Nachbesetzung einer freiwerdenden Stelle erwarten lässt.

Auch ein *Zusatzbedarf* ist absehbar, denn Planungen zur Erweiterung des Gesundheitsbetriebs oder dessen Leistungsangebots lassen ebenfalls einen höheren Personalbedarf nicht kurzfristig entstehen.

Anders verhält es sich mit unvorhergesehenen Veränderungen des *Arbeitsanfalls*, die unterschiedliche Ursachen haben können.

Handelt es sich dabei nur um *vorübergehende* Veränderung des Arbeitsanfalls, so sollte sorgfältig geprüft werden, ob tatsächlich mehr Mitarbeiter zur Bewältigung der zusätzlichen Arbeit nötig sind, oder, bei geringerem Arbeitsanfall, ob auf Mitarbeiter verzichtet werden soll.

Kurzfristig lässt sich ein *höherer* Arbeitsanfall durch Mehrarbeit (Überstunden, verkürzte Pausenzeiten, Verkürzung von Leerlaufzeiten, Arbeitsintensivierung, Schwerpunktsetzung usw.) bewältigen. Allerdings ist dabei darauf zu achten, dass dies nicht zum Dauerzustand wird, denn darunter leiden mittel- und langfristig die Motivation der Mitarbeiter und damit die Qualität der Arbeitsleistungen im Gesundheitsbetrieb.

Eine vorübergehende *geringere* Arbeitsauslastung bringt in der Regel auch eine Einnahmenverringerung mit sich und führt bei gleich bleibenden Personalkosten zumindest zu einer geringeren Kostendeckung. Es ist jedoch gründlich zu überlegen, ob derartige vorübergehende Entwicklungen direkt zu einer Reduzierung des Personalbestandes führen sollten. Wird voreilig auf hoch qualifiziertes Personal verzichtet, kann es bei einem Anstieg der Arbeitsauslastung in der Regel nicht mehr zurückgewonnen werden. Vorübergehende Veränderungen der Arbeitsauslastung werden daher häufig durch kurzfristig verfügbare Mitarbeiter, Leiharbeitskräfte oder auch durch zeitlich befristete Arbeitsverhältnisse bewältigt.

Bei *dauerhaften* Veränderungen des Arbeitsanfalls ist einer *erhöhten* Arbeitsbelastung aus den bereits genannten Gründen durch zusätzliche Mitarbeiter Rechnung zu tragen. Auf Dauer halten Mitarbeiter Überstunden, Stress und Mehrarbeit nicht durch. Sie werden entweder davon krank oder suchen sich einen anderen Arbeitgeber. Ein alternativ möglicher Produktivitätszuwachs ist in der Regel nur langfristig realisierbar.

> Über die Konsequenzen dauerhaft erhöhten Personalbedarfs in Krankenhäusern aufgrund von Veränderungen des Arbeitszeitrechts berichtete beispielsweise J. *Flintrop* im *Deutschen Ärzteblatt*: „Sowohl Arbeitnehmer- als auch Arbeitgebervertreter sind sich einig, dass zusätzliche Stellen im Krankenhaussektor geschaffen werden müssen, um das Arbeitszeitgesetz in den Krankenhäusern konsequent umsetzen zu können." Ebenda wird G. *Jonitz,* Klinikarzt und Präsident der *Ärztekammer Berlin* folgendermaßen zitiert: „Ein Arzt arbeitet bei circa 230 Arbeitstagen und einer vertraglich festgeschriebenen 38,5-Stunden-Woche 1 771 Stunden pro Jahr. Etwa 100 000 Assistenzärzte bundesweit leisten durchschnittlich eine Überstunde pro Tag, wovon nur etwa 20 Prozent bezahlt oder in Freizeit abgegolten werden. Bei 230 Arbeitstagen entspricht dies 18 400 000 unbezahlten und nicht in Freizeit abgegoltenen Überstunden. Die Zahl der unbezahlten Überstunden, verteilt auf dadurch notwendige Arztstellen zum Abbau der derzeit geleisteten und nicht abgegoltenen Überstunden, entspricht somit 10 390 Stellen."

Eine dauerhaft *verringertes* Arbeitsaufkommens muss ebenfalls personelle Konsequenzen haben, denn auf Dauer kann kein Gesundheitsbetrieb mit zuviel Personal wirtschaftlich arbeiten. Dies würde zudem die Existenz des Betriebes und damit alle dort vorhandenen Arbeitsplätze gefährden. Im Falle eines dauerhaften Personalüberbestandes sind Maßnahmen bis hin zur betriebsbedingten Personalfreistellung daher kaum vermeidbar.

5 Rekrutierung geeigneten Behandlungs- und Pflegepersonals

5.1 Personalwerbung

Um den zuvor in quantitativer, qualitativer und zeitlicher Hinsicht definierten Personalbedarf im Gesundheitsbetrieb zu decken, ist geeignetes Behandlungs- und Pflegepersonal zu beschaffen. Die *interne* Personalrekrutierung versucht durch betriebsinterne Stellenausschreibungen, Versetzungen oder Personalentwicklungsmaßnahmen Mitarbeiter innerhalb des Gesundheitsbetriebs zu beschaffen. Bei der *externen* Personalrekrutierung werden entweder eingehende Blind- bzw. Initiativbewerbungen herangezogen oder über verschiedene Medien aktiv Personalbeschaffungsmaßnahmen durchgeführt (siehe **Abbildung 5.1**).

Während die *interne* Personalrekrutierung im Gesundheitsbetrieb ohne die gleichzeitige Versetzung von Mitarbeitern in die Bedarf anmeldenden Bereiche in der Regel eine vermehrte Arbeitsbelastung für das vorhandene Personal bedeutet, bietet die Versetzung die Möglichkeit von kurzen Einarbeitungszeiten, Aufstiegschancen, die Vermeidung externe Rekrutierungskosten sowie die Umsetzung von Maßnahmen der Personalplanung und -entwicklung. Eine *externe* Personalrekrutierung trägt dazu bei, neue Mitarbeiter und damit auch neue Ideen und Kreativität in den Gesundheitsbetrieb zu integrieren und quantitative Bedarfsprobleme zu lösen.

Abbildung 5.1 Personalrekrutierung für den Gesundheitsbetrieb.

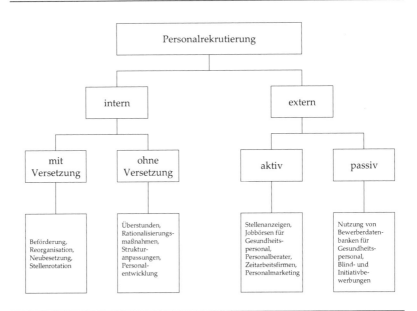

Die für die Bereitstellung des Personals im Gesundheitsbetrieb notwendigen Maßnahmen der *externen* Personalbeschaffung setzen sich im Wesentlichen aus folgenden Möglichkeiten zusammen:

- Rekrutierung über Personalmarketingmaßnahmen: Informationsveranstaltungen bei Bildungsträgern, Fachschulen und Universitäten für Gesundheitsberufe, Berufskontaktmessen für Gesundheitsberufe, Recruiting-Veranstaltungen zur Rekrutierung von Berufsanfängern nach der Ausbildung bzw. Studium von Heil- und Pflegeberufen.

- Stellenanzeigen: offene Stellenanzeigen, Chiffre-Anzeigen, Wortanzeigen, gesetzte Anzeigen in Tageszeitungen, Fachzeitschriften, Verbandsorganen mit Angaben zu treffend formulierter Schlagzeile, Informationen zum Gesundheitsbetrieb, Anlass der Personalsuche, gesuchtes Berufsbild Erwartungen, Angebote des Betriebes und Kontaktadresse.

Beispiele für Anzeigentexte: „Wir suchen für die Klinik ...zum nächstmöglichen Zeitpunkt befristet bis ... mit der Möglichkeit der Verlängerung eine *medizinische Fachangestellte*, Vollzeit oder Teilzeit, Vergütung: je nach Qualifikation und Aufgabenübertragung nach TV-L, mit Aufgabenbereich: Terminvergabe stationär/ambulant, Anmeldung, Aktenvorbereitung, Assistenz bei Untersuchungen, Aufbereitung der Untersuchungskabinen, Patientenbetreuung und -begleitung, Anforderungen: eine abgeschlossene Ausbildung als medizinische/r Fachangestellte/r, Engagement und eigenverantwortliches Arbeiten, Organisationstalent, Teamfähigkeit, Flexibilität, Belastbarkeit und hohe Leistungsfähigkeit. Wir bieten Ihnen eine interessante, vielfältige und abwechslungsreiche Tätigkeit innerhalb eines motivierten Teams. Wir freuen uns auf Ihre Bewerbung und bitten Sie, diese unter Angabe der Kennziffer bis zum ... bei der ... einzureichen."

„Zur Unterstützung unseres Teams suchen wir zum nächstmöglichen Zeitpunkt für die Einsätze in der stationären und/oder der ambulanten Kranken- und Altenhilfe *Altenpfleger und Altenpflegerinnen* mit Berufserfahrung in unbefristeter Voll- oder Teilzeitanstellung und als Minijob..."

„*Assistenzärztin/-arzt Chirurgie* in Voll- oder Teilzeitanstellung, ..., wir bieten: strukturierte Weiterbildung in allen Bereichen der offenen und minimal-invasiven Allgemein- und Viszeralchirurgie, ..., attraktive Vergütung zuzüglich Bereitschaftsdienstvergütung, Zusatzversorgung und Sozialleistungen, ..., wir suchen: aufgeschlossene Persönlichkeit, idealerweise mit chirurgischen Vorkenntnissen, ..., wir freuen uns auf Ihre vollständige Bewerbung...".

■ Personalabwerbung: ist grundsätzlich erlaubt, allerdings rechtswidrig, wenn der Umworbene zum Vertragsbruch mit dem bisherigen Arbeitgeber verleitet wird.

■ Nach einem Urteil des *Bundesgerichtshofs* (BGH vom 09.02.2006, Az. I ZR 73/02) ist das Abwerben von Mitarbeitern aus anderen Gesundheitsbetrieben erlaubt, so lange dies nicht mit unlauteren Mitteln geschieht. Im vorliegenden Fall wurden mehrere Mitarbeiter über das Festnetz des Betriebes angerufen sowie über dienstliche Mobiltelefone. Von unlauteren Mitteln sei auszugehen, wenn eine Kontaktaufnahme über die Telefone bzw. Diensthandys des Arbeitgebers erfolge, die über eine erste kurze Kontaktaufnahme hinausgehe.

- Stellenbörse/E-Recruiting: über die eigene Website des Gesundheitsbetriebs sowie über eine Job-Börse im Internet.

  Zu den Job-Börsen für Gesundheitsbetriebe zählen: www.jobcenter-Medizin.de, www.medic-online.de, www.medizin.stellenanzeigen.de, www.medizinische-berufe.de, www.medi-jobs.de, www.facharzt-jobs.de, www. arzt-stellenanzeigen.de, www.arztrecruiting.de, www.altenpflegeberufe. de, www.altenpflege-jobs.de, www.pflege-jobs.de, www. pharmazeutische-berufe.de, www.kliniken-berufe.de, www.med-berufe. de und viele andere mehr.

- Vermittlung durch Arbeitsagenturen: Stellensuchende Arbeitslose sind hier ebenfalls registriert sowie von Gesundheitsbetrieben gemeldete offene Stellen, so dass neben einer fachgerechten Beratung auch eine positionsbezogene Vorauslese der Stellensuchenden erfolgen kann, wobei für die Vermittlung keine Gebühren erhoben werden.

- Einschaltung von Personalberatern: Erarbeiten von Arbeitsplatzanforderungen, Gestaltung und Formulierung von Stellenanzeigen, Führen der notwendigen Korrespondenz mit den Bewerbern, Sichtung und Bewertung von Bewerbungsunterlagen, Durchführen und Auswerten von Bewerbergesprächen, Mitwirkung beim Vorstellungsgespräch, Beratung des Arbeitgebers bei der Entscheidung, Beratung bei der Erstellung des Arbeitsvertrages.

- Zeitarbeitsfirmen: Gesundheitsbetrieben wird Personal zeitweilig zur Arbeitsleistung gegen Entgelt überlassen, wobei die Arbeitskräfte von der Zeitarbeits- oder Verleihfirma eingestellt und alle Arbeitgeberpflichten von ihr übernommen werden.

5.2 Personalauswahl

Aufgabe der **Personalauswahl** in Gesundheitsbetrieben ist es, geeignete Mitarbeiter den freien Stellen mit Hilfe von eignungsdiagnostisch fundierten Auswahltechniken zuzuweisen. Dazu sind im Rahmen des Auswahlprozessen Erkenntnisse über den Bewerber zu gewinnen, aufgrund von

- Analysen vergangenheitsbezogener Merkmale (Erfahrung im relevanten Heil- und Pflegeberuf, medizinische, pflegerische Ausbildung, Spezialkenntnisse, Arbeitszeugnisse bisheriger Gesundheitsbetriebe als Arbeitgeber etc.), um vom früherem Verhalten auf das zukünftige Verhalten schließen zu können,

- Eigenschaften des Bewerbers, die aufgrund von psychologischen Testverfahren (beispielsweise Ermittlung von Persönlichkeitsmerkmalen, Intelligenztest, Konzentrationsfähigkeitstest, persönliche Einstellungen, Interessen etc.) erfasst werden,

- Simulationen möglichst realitätsnaher, konkreter Situationen des arbeitstypischen Alltags im Gesundheitsbetrieb, um das Verhalten des Bewerbers und seine Leistungsfähigkeit bei konkreten beruflichen Herausforderungen zu ermitteln.

Auf der Grundlage von Analysen vergangenheitsbezogener Merkmale, der Eigenschaften des Bewerbers sowie den Simulationen möglichst realitätsnaher, konkreter Situationen des arbeitstypischen Alltags im Gesundheitsbetrieb stehen verschiedene Auswahlverfahren zur Verfügung (siehe **Tabelle 5.1**).

Tabelle 5.1 Auswahlverfahren für Gesundheitspersonal.

Verfahren	Beschreibung
Analyse von Bewerbungsunterlagen	Für die Auswahl einzelner Bewerber in Krankenhäusern, Arztpraxen, Pflegeeinrichtungen geeignet; Durchsicht mit Überprüfung von äußerem Eindruck (Zusammenfügung, Ordnung, Art der Unterlagen etc.), Bewerbungsschreiben (Gestaltung, Inhalt, Sprachstil etc.), Foto (Art, Herstellung, Aktualität des Fotos etc.), Lebenslauf (tabellarisch, handschriftlich, Zeitabfolge einzelner aufgeführter Lebensstationen, Tätigkeiten und Positionen etc.), Schulzeugnisse, Arbeitszeugnisse (Dauer der bisherigen Beschäftigungsverhältnisse, Art und Umfang der bisherigen Tätigkeiten, Termine und Gründe der Beendigung, Aussagen zu Leistung und Führung etc.).

Verfahren	Beschreibung
Einholen von Referenzen	Aufgrund des Aufwands in erster Linie für die Auswahl von Führungskräften geeignet (leitende Ärzte, Pflegeleitung, Krankenhausmanager etc.); Aussagekraft ist umstritten, da die Auskunftspersonen üblicherweise von den Arbeitssuchenden vorgeschlagen und daher nachteilige Informationen kaum weitergegeben werden.
Einholen von Auskünften	Aufgrund des Aufwands in erster Linie für die Auswahl von Führungskräften geeignet (leitende Ärzte, Pflegeleitung, Krankenhausmanager etc.); beim derzeitigen oder früheren Arbeitgeber ist auch ohne Wissen und Zustimmung der Bewerberin möglich, bei noch bestehenden Arbeitsverhältnissen allerdings erst nach erfolgter Kündigung.
Führen von Vorstellungsgesprächen	Für die Auswahl einzelner Bewerber in Krankenhäusern, Arztpraxen, Pflegeeinrichtungen etc. nach Vorauswahl anhand der Bewerbungsunterlagen geeignet; freies Vorstellungsgespräch: Gesprächsinhalt und -ablauf sind nicht vorgegeben, der Verlauf ist somit flexibel und situationsabhängig gestaltbar; strukturiertes Vorstellungsgespräch: Der Verlauf oder unbedingt zu klärende Fragen bzw. einzelnen Gesprächsthemen sind vorzugeben.
Durchführen von Arbeitsproben	Eignet sich für praktische Tätigkeiten (bspw. Anlegen einer Unterfütterung durch Bewerber für Zahntechnik im Dentallabor); vermittelt einen unmittelbaren Eindruck in die fachlichen Qualifikationen und praktischen Fähigkeiten der Bewerber.
Durchführen von Einstellungstests	Aufgrund des Aufwands in erster Linie für die Auswahl von größeren Bewerbergruppen (bspw. Auszubildende an Pflege-, Hebammen-, Heilpraktikerschulen etc.) geeignet, durch Leistungstests (Messung von Merkmalen wie Konzentrationsfähigkeit, Leistungsfähigkeit, Aufmerksamkeit), Persönlichkeitstests (Feststellung von Wesensmerkmalen des Bewerbers, die weitgehend situationsunabhängig sind), Intelligenztests (Feststellung einzelner Fähigkeiten des Bewerbers).

Verfahren	Beschreibung
Durchführen von Assessment-Center	Aufgrund des Aufwands in erster Linie für die Auswahl von größeren Bewerbergruppen (bspw. Auszubildende an Pflege-, Hebammen-, Heilpraktikerschulen etc.) geeignet; Gruppenauswahlverfahren mit mehreren Aufgabenstellungen, um Probleme wie die Vergleichbarkeit einzelner Vorstellungsgespräche zu verbessern.

Nach Angaben von B. *Reuschenbach* von der *Forschungsgruppe Personalauswahl im Gesundheitswesen* an der *Ruprecht-Karls-Universität*, Heidelberg, wird bei der Bewerberauswahl in Krankenhäusern das freie Bewerbungsgespräch einem Leitfadengespräch in den häufigsten Fällen vorgezogen. Danach folgen Hospitationen, Leistungstests, Gruppengespräche, Persönlichkeitstests, Rollenspiele. Selten angewendet werden Assessment-Center und graphologische Gutachten. Die durchschnittliche Rekrutierungszeit in Krankenhäusern beträgt ca. 80 Tage und umfasst den Zeitraum zwischen dem Beginn der Suche nach einer Fachkraft bis hin zu deren Arbeitsaufnahme.

Methodische Anforderungen an den Prozess der Personalauswahl sind ferner beispielsweise in der Norm DIN 33430 genannt, die sich allgemein mit der berufsbezogenen **Eignungsfeststellung** befasst. Sie betrifft die Qualifikation der an der Personalauswahl im Gesundheitsbetrieb beteiligten Personen, die Qualität der dabei verwendeten Auswahlverfahren sowie die Einhaltung geeigneter Auswahlprozesse. Die Personalentscheidung selbst bleibt dabei in der Verantwortung des Gesundheitsbetriebs. Die Anwendung dieser Norm dient dem Gesundheitsbetrieb als Maßstab zur Bewertung externer Bewerbungen im Rahmen der auf die Gesundheitsberufe bezogenen Eignungsfeststellungen, den Personalverantwortlichen in den Gesundheitsbetrieben bei der Qualitätssicherung und -optimierung ihrer Personalentscheidungen und schützt die Bewerber zugleich vor unsachgemäßer oder missbräuchlicher Anwendung von Verfahren zur Eignungsfeststellung. Die Anwendung der Norm ist freiwillig; die Gesundheitsbetriebe können sich durch Selbsterklärung zu ihrer Einhaltung verpflichten.

5.3 Personaleinstellung

Bei der Einstellung neuer Mitarbeiter geht der Gesundheitsbetrieb weit reichende Verpflichtungen ein, die eine Investition in sein Humankapital darstellen, sich kostenmäßig niederschlagen und daher gründlich durchdacht sein sollten.

Zunächst ist der **Arbeitsvertrag** (oder bei Auszubildenden der **Berufsausbildungsvertrag**) zu formulieren, wobei auf das Vorhandensein der wichtigsten *Inhalte* zu achten ist:

- Gesundheitsbetrieb und Arbeitnehmer mit Vorname, Name und Anschrift als Vertragsparteien,

- Beginn des Arbeitsvertrages (bei befristeten Arbeitsverhältnissen auch deren Ende),

- Berufs-/Tätigkeitsbezeichnung (MTA, ZMV, ZMV usw.),

- Tätigkeitsbeschreibung mit Aufführung der Tätigkeiten (in allgemein gehaltener Formulierung) und eventuellen Vollmachten,

- Vergütung mit Art, Höhe, Steigerung, Fälligkeit und Auszahlungsweise des Gehaltes,

- zusätzliche Leistungen, wie beispielsweise Gratifikationen, Beiträge zur Vermögensbildung, Unfallversicherung, Verpflegungszuschuss, Arbeitskleidung usw.,

- regelmäßige Arbeitszeit,

- Ort der zu erbringenden Arbeit,

- Überstundenregelung,

- Urlaub,

- besondere Pflichten, wie beispielsweise besondere Schweigepflicht in Bezug auf den Schutz der Patientendaten, ärztliche Schweigepflicht usw.,

- Probezeit mit Dauer und Kündigungsfrist während der Probezeit,

- allgemeine Kündigungsfrist,

- eventuelle Einbeziehung sonstiger Vereinbarungen, beispielsweise von Tarifverträgen,
- Ort, Datum und Unterschrift von Gesundheitsbetrieb und Arbeitnehmer.

Befristete Arbeitsverträge sind auf eine bestimmte Zeit geschlossene Arbeitsverträge, deren Befristung kalendermäßig oder nach Art, Zweck oder Beschaffenheit der Arbeitsleistung erfolgen kann:

- Kalendermäßig befristete Arbeitsverträge enden mit dem Ablauf der kalendermäßig bestimmten Zeit.
- Zweckbefristete Arbeitsverträge enden mit der Zweckerreichung, deren Zeitpunkt dem Arbeitnehmer zwei Wochen zuvor vom Gesundheitsbetrieb mitzuteilen ist.

Befristete Arbeitsverträge bedürfen zu ihrer Wirksamkeit der Schriftform, ansonsten gelten sie als unbefristet. Wird in ihnen nicht die Möglichkeit einer ordentlichen Kündigung vereinbart, ist nur die außerordentliche Kündigung möglich. Die befristet beschäftigten Mitarbeiter des Gesundheitsbetriebs sind per allgemein zugänglicher Bekanntmachung über für sie geeignete unbefristete Arbeitsplätze zu informieren. Sie haben Anspruch auf angemessene Aus- und Weiterbildung und der Gesundheitsbetrieb muss den Betriebsrat über die Zahl der befristet beschäftigten Mitarbeiter und ihren Anteil an der Gesamtbelegschaft des Gesundheitsbetriebs informieren. Die Befristung eines Arbeitsverhältnisses im Gesundheitsbetrieb bedarf keines *sachlichen* Grundes, wenn der Arbeitsvertrag und seine eventuellen Verlängerungen eine Gesamtdauer von zwei Jahren nicht überschreiten. Sachliche Gründe für eine Befristung liegen beispielsweise vor, wenn der Bedarf des Gesundheitsbetriebs an der Arbeitsleistung nur vorübergehend besteht, die Befristung sich an eine Ausbildung oder ein Studium anschließt oder der Mitarbeiter zur Vertretung eines anderen im Gesundheitsbetrieb beschäftigt wird.

Bei der Personaleinstellung im Gesundheitsbetrieb muss der neue Mitarbeiter verschiedene *Unterlagen bzw. Informationen* vorlegen:

- Versicherungsnachweise der Rentenversicherung,
- Lohnsteuerdaten,

- Sozialversicherungsausweis,
- Bescheinigung über die Mitgliedschaft in einer Krankenkasse,
- Urlaubsbescheinigung des letzten Arbeitgebers,
- berufsbedingte Sondernachweise (Röntgenschein, Nachweise über die heil- und pflegeberufsspezifischen Berufsexamina etc.), sofern nicht bereits Bestandteil der Bewerbungsunterlagen,
- bei Ausländern, die nicht aus EU-Ländern stammen, die Aufenthalts- und Arbeitserlaubnis.

Der Gesundheitsbetrieb ist verpflichtet, den neuen Mitarbeiter zur Arbeitslosen-, Kranken-, Pflege- und Rentenversicherung bei der jeweiligen Krankenkasse anzumelden, gegebenenfalls bei der Knappschaft sowie bei der zuständigen Berufsgenossenschaft zur Unfallversicherung. Der Gesundheitsbetrieb hat treuhänderisch für den Mitarbeiter verschiedene Abgaben an die zuständigen Stellen abzuführen, wie beispielsweise die Lohnsteuer, die Kirchensteuer und den Solidaritätszuschlag an das zuständige Betriebsfinanzamt.

Grundsätzlich hat der Gesundheitsbetrieb die Möglichkeit, die Höhe der Löhne und Gehälter frei mit dem neuen Mitarbeiter zu vereinbaren. Als Mitglied in einem Arbeitgeberverband ist er jedoch an die zwischen den Gewerkschaften und Arbeitgeberverbänden ausgehandelten Tarifverträge gebunden, wenn der neue Mitarbeiter Gewerkschaftsmitglied ist. Die tarifvertraglich vereinbarten Gehälter stellen Mindestsummen dar, von denen nach oben abgewichen werden kann. Auch ist es möglich, im Arbeitsvertrag mit dem neuen Mitarbeiter die Anwendung des für Sie in Frage kommenden Tarifvertrages zu vereinbaren oder mit einer Gewerkschaft einen Haustarifvertrag abzuschließen.

> Beispielhafter Auszug aus dem Tarifvertragsregister Nordrhein-Westfalens:
>
> - „Tarifbereich/ Branche: Arzthelferinnen/Medizinische Fachangestellte
>
> - Tarifvertragsparteien/Ansprechpartner: Arbeitsgemeinschaft zur Regelung der Arbeitsbedingungen der Arzthelferinnen, Herbert-

Lewin-Str. 1, 10623 Berlin, Verband medizinischer Fachberufe e.V., Bissenkamp 12-16, 44135 Dortmund

- Fachlicher Geltungsbereich: Die Tarifverträge gelten für Medizinische Fachangestellte/Arzthelferinnen, die in Einrichtungen der ambulanten Versorgung tätig sind.
- Laufzeit des Manteltarifvertrages: gültig ab 01.01.2008 – kündbar zum 31.12.2010
- Laufzeit des Gehaltstarifvertrages: gültig ab 01.01.2009 – kündbar zum 31.12.2010
- Anzahl der Gehaltsgruppen: 4
- Differenzierung der Gehaltsgruppen nach: Lebensalter: nein/ Beschäftigungsdauer: ja
- Für die Monate Januar bis Juni 2009 erhalten Medizinische Fachangestellte/Arzthelferinnen spätestens mit dem Gehalt für August 2009 eine Einmalzahlung in Höhe von 330,00 €.
- Höhe der Monatsgehälter für Medizinische Fachangestellte/Arzthelferinnen ab 01.07.2009:
  - Unterste Gehaltsgruppe/Einstieg nach Ausbildung: Ausführen von Tätigkeiten nach allgemeinen Anweisungen, wobei Handlungskompetenzen vorausgesetzt werden, wie sie durch eine abgeschlossene Berufsausbildung als Medizinische Fachangestellte/Arzthelferin mit der Prüfung vor der Ärztekammer erworben wurden.
  - ab 1. Berufsjahr 1.424,00 €
  - ab 4. Berufsjahr 1.554,00 €
  - ab 7. Berufsjahr 1.685,00 €
  - ab 11. Berufsjahr 1.783,00 €
  - ab 17. Berufsjahr 1.897,00 €
  - ab 23. Berufsjahr 2.013,00 €
  - ab 30. Berufsjahr 2.131,00 €

– Höchste Gehaltsgruppe: Selbstständiges Ausführen von Tätigkeiten, die besondere Anforderungen an die Handlungskompetenz und die Fach- und Führungsverantwortung stellen und die in der Regel mit Leitungsfunktionen (Personalführung, Weisungsbefugnisse) verbunden sind. Es werden die Aneignung zusätzlicher Kenntnisse auf einem oder mehreren Gebieten oder eine oder mehrere vertiefende und/oder spezialisierende Fortbildungsmaßnahme(n) von insgesamt mind. 280 Fortbildungsstunden sowie 3 Berufsjahre vorausgesetzt.

– 1.865,00 € bis 2.557,00 €

- Höhe der monatlichen Ausbildungsvergütung:

    – Ausbildungsjahr 531,00 €

    – Ausbildungsjahr 572,00 €

    – Ausbildungsjahr 616,00 €

- Wöchentliche Regelarbeitszeit: 38,5 Stunden

- Urlaubsdauer:

    – vor voll. 30. Lebensjahr 26 Arbeitstage

    – nach d. 30. Lebensjahr 28 Arbeitstage

    – nach d. 40. Lebensjahr 30 Arbeitstage

- Urlaubsgeld: – nicht geregelt

- Jahressonderzahlung (Weihnachtsgeld): 100 Prozent eines Monatsgehaltes

- Vermögenswirksame Leistung: 30,00 € Arbeitgeberanteil je Monat, Auszubildende erhalten ab dem 2. Ausbildungsjahr 15,00 € je Monat.

- Für Zahnarzthelferinnen und für Tierarzthelferinnen werden gesonderte Tarifverträge abgeschlossen."

Neben den vereinbarten Lohn- und Gehaltskosten entstehen dem Gesundheitsbetrieb mit der Personaleinstellung weitere Kosten: Größter Faktor sind hier die Sozialversicherungsbeiträge. Sie gliedern sich auf in Arbeitslosen-, Kranken-, Pflege- und Rentenversicherung sowie Beiträge zu Berufsgenossenschaften, die vollständig vom Gesundheitsbetrieb zu übernehmen sind. Gesetzliche Personalnebenkosten sind auch die Kosten der Arbeitssicherheit sowie für Entgeltfortzahlungen im Krankheitsfall. Tarifliche Personalnebenkosten sind beispielsweise vermögenswirksame Leistungen sowie Urlaubs- und Weihnachtsgeld. Ferner fallen Fort- und Weiterbildungskosten an.

Zur Personaleinstellung im Gesundheitsbetrieb gehören auch die **Personaleinführung** neuer Mitarbeiter in die Tätigkeit und ihren neuen Arbeitsplatz und damit auch die soziale Eingliederung in das Arbeitsumfeld, ihre direkte Arbeitsgruppe und das Sozialsystem des gesamten Gesundheitsbetriebs.

Hierzu sollten alle Mitarbeiter vorab über die neuen Kollegen, den Zeitpunkt ihrer Arbeitsaufnahme und ihre zukünftigen Aufgaben informiert werden. Ferner sollten am ersten Arbeitstag die neuen Mitarbeiter begrüßt und allen weiteren Kollegen vorgestellt werden. Diese Phase ist im Rahmen der Einführung besonders wichtig, da hier erste emotionale Beziehungen und Einschätzungen entstehen. Die Personaleinführung ist deshalb als Sozialisationsprozess zu sehen, da sich der neue Mitarbeiter im Gesundheitsbetrieb mit einer für ihn fremden und neuartigen Arbeits- und Sozialumgebung konfrontiert sieht, mit der er sich auseinandersetzen muss. Dies bedeutet für den neuen Mitarbeiter ein hohes Stressaufkommen, und negative Erlebnisse können in dieser Phase die Eingliederung gefährden und zu einer inneren Abwendung vom Gesundheitsbetrieb führen. Einerseits hat er sich den vorhandenen Normen und Werte des Gesundheitsbetriebs anzupassen, andererseits bringt er aber auch selbst eigene Vorstellungen und neue Ideen mit ein, die die im Gesundheitsbetrieb vorhandenen Mitarbeiter beeinflussen. Für den Gesundheitsbetrieb besteht bereits während des Auswahlprozesses die erste Möglichkeit aktiv auf die potenziellen neuen Mitarbeiter einzuwirken und vor Arbeitsbeginn Erwartungen über die zukünftige Tätigkeit und das zukünftige Arbeitsumfeld zu vermitteln. Für die Zeit zwischen Vertragsabschluss und Arbeitsaufnahme ist eine aktive Betreuung durch den Gesundheitsbetrieb zu empfehlen, beispielsweise durch möglichst viele Informationen über seine neue Arbeitsumgebung, Informationsbroschüren, Arbeitsplatzbesichtigungen oder erste Einweisungsgespräche.

Anhand eines **Einarbeitungsplans**, in dem die Reihenfolge der zunächst zu erledigenden Aufgaben (Einweisung in Arbeitszeiterfassung, Zutrittsregelung, Formalitäten etc.), die Zeitabschnitte für ihre Erledigung, die Kriterien für die Beherrschung der eigentlichen Arbeitsaufgaben und auch zusätzlich angestrebte Qualifikationen enthalten sind, sollte durch eine erfahrene, langjährige Fachkraft eine Einführung in die Ordnung des Gesundheitsbetriebes (Arbeitszeiten, Urlaubsplanung, Pausenzeiten usw.), in Arbeitsabläufe und Räumlichkeiten erfolgen. Danach sind die einzelnen Arbeitsaufgaben darzustellen, der Arbeitsbereich aufzuzeigen und abzugrenzen und auf eigenständig zu erledigende Arbeiten hinzuweisen. Das in den ersten Stunden und Tagen erfolgende Anlernen am Arbeitsplatz kann entweder durch Vor- und Nachmachen durchgeführt werden, oder, insbesondere bei berufserfahrenen Kräften, durch Einweisung und selbstständige Einarbeitung erfolgen. Dabei steht der Umgang mit neuen Techniken (Krankenhausinformationssysteme, Praxisinformationssysteme, Behandlungstechniken usw.) ebenso im Vordergrund wie das Ablegen bisheriger Arbeitsgewohnheiten und -prozeduren. Der Einarbeitungsfortschritt sollte regelmäßig kontrolliert und aufkommende Fragen und Unklarheiten frühzeitig geklärt werden, damit sich nicht gleich zu Beginn Arbeitsfehler einschleichen, die unter Umständen zu einer schlechten Beurteilung der Arbeitsqualität des neuen Mitarbeiters führen können.

Die Einarbeitung durch einen erfahrenen Kollegen in **Patenfunktion** wird von neuen Mitarbeitern häufig als positiv empfunden, birgt jedoch die Gefahr, dass sich daraus ein Ersatzvorgesetztenverhältnis entwickelt und sich der direkte Vorgesetzte aus der Verantwortung für die Einführung zurückzieht. Dieser übernimmt aber eine wichtige Rolle im Einführungsprozess: Er muss sich dem Anpassungsprozess bewusst sein, in dem sich der neue Mitarbeiter befindet und individuell auf seine neuen Aufgaben und seinem Feedback eingehen. Bei einem **Mentorensystem** übernimmt eine hierarchisch höher gestellte Führungskraft im Gesundheitsbetrieb als Mentor für den neuen Mitarbeiter eine Beratungs- und Unterstützungsrolle, eine Vorbildfunktion und steht als neutraler Ansprechpartner bei Problemen mit Vorgesetzten vermittelnd zur Verfügung.

Eine gelungene Integration eines neuen Mitarbeiters liegt dann vor, wenn dieser mit seiner neuen Situation zufrieden ist und auch die anderen Mitarbeiter des Gesundheitsbetriebs seine Einstellung und seine Arbeitsleistungen als positiv empfinden.

6 Einsatz von Behandlungs- und Pflegekräften

6.1 Personalorganisation und Arbeitsstrukturierung

Im Mittelpunkt der Personalorganisation steht der **Personaleinsatz**, die zeitliche, räumliche, qualitative und quantitative Zuordnung der Mitarbeiter im Gesundheitsbetrieb zu den einzelnen Stellen und den damit verbundenen Arbeitsaufgaben: Wer macht im Gesundheitsbetrieb was, wie viel, wann und wo? Im Rahmen des Personaleinsatzes sind also die Mitarbeiter des Gesundheitsbetriebs zu organisieren, anforderungsgerecht und ihren Fähigkeiten entsprechend einzusetzen, die Arbeit ist zeitlich zu gestalten und die Arbeitsplätze und -räume sind anspruchsgerecht auszustatten.

Dazu ist zunächst ist zu klären, wie die *personelle* Organisationsstruktur im Gesundheitsbetrieb aussieht, wer beispielsweise wem vorgesetzt ist und Anordnungen erteilen darf. Sie richtet sich nach der gesamten Struktur des Gesundheitsbetriebs. Sie gibt zum einen Aufschluss darüber, wie der Betrieb aufgebaut ist, das heißt, wie viele Mitarbeiter beispielsweise vorhanden sind und welche Aufgaben sie wahrnehmen. Diesen für die *personelle* Organisationsstruktur wichtigen Teilbereich der Organisation des Gesundheitsbetriebs nennt man Aufbauorganisation. Zudem sind die einzelnen Arbeitsprozesse im Gesundheitsbetrieb zu regeln und zu organisieren. Dementsprechend ist von der Ablauforganisation die Rede.

Durch die **Aufbauorganisation** eines Gesundheitsbetriebs wird festgelegt, welche Aufgaben der einzelne Mitarbeiter wahrzunehmen hat und in welchem (Vorgesetzten- bzw. Unterstellungsverhältnis die Mitarbeiter zueinander stehen. Dazu werden zunächst die einzelnen Gesamtaufgaben im Gesundheitsbetrieb in möglichst kleine Teilaufgaben zerlegt und anschließend werden zueinander passende Teilaufgaben in einem Aufgabenpaket zusammengefasst und einem Arbeitsplatz, der Stelle, zugeordnet (siehe **Abbildung 6.1**).

Abbildung 6.1 Aufbauorganisatorische Kennzeichen von Stellen in Gesundheitsbetrieben.

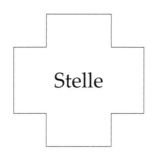

Aufgabenbereich einer Person

Kleinste organisatorische
Einheit zur Erfüllung
von Aufgaben

Eigenschaften: Aufgabe,
Aufgabenträger, Dauer,
Abgrenzung

Bezieht sich auf die
Normalkapazität
eines Mitarbeiters

Bezieht sich auf eine gedachte,
abstrakte Person, nicht auf einen
bestimmten Mitarbeiter

> In jedem Gesundheitsbetrieb gibt es die Aufgabe der Materialwirtschaft. Diese Gesamtaufgabe lässt sich beispielsweise in die Teilaufgaben Materiallagerung, Materialbeschaffung, Materialpflege etc. unterteilen. Es ist sinnvoll, einzelne Teilaufgaben, wie beispielsweise die Materialpflege, weiter zu zerlegen, um dieses umfangreiche Aufgabengebiet auf mehrere Mitarbeiter zu verteilen. Nach der Aufgabenzerlegung lassen sich Aufgabenpakete für einzelne Arbeitsplätze schnüren, wie etwa die Zuständigkeit eines oder, je nach Umfang, mehrerer Mitarbeiter für die Materiallagerung und -beschaffung und weiterer Mitarbeiter für die Reinigung und Pflege der einzelnen Räume sowie der darin befindlichen Geräte und Instrumente.

Um die Aufbauorganisation vollständig zu gestalten und den Aufgabenumfang so zu bemessen, dass er durch einen Mitarbeiter auf dieser Stelle auch kapazitativ bewältigt werden kann, sind jeder Stelle *immaterielle* und *materielle* Elemente zuzuordnen (siehe **Tabelle 6.1**).

Tabelle 6.1 Immaterielle und materielle Stellenelemente.

Art	Elemente		Beispiele
Immaterielle Stellenelemente	Aufgaben		Verpflichtung zur Vornahme bestimmter, der Stelle zugewiesener Verrichtungen, wie beispielsweise die Privat- und Kassenliquidation.
	Befugnisse	Entscheidungsbefugnis	Beinhaltet das Recht, bestimmte Entscheidungen treffen zu können, ohne etwa den Chefarzt rückfragen zu müssen.
		Anordnungsbefugnis	Begründet das Vorgesetzten-Untergebenen-Verhältnis und somit beispielsweise das Recht, einer Auszubildenden Weisungen erteilen zu dürfen.
		Verpflichtungsbefugnis	Umfasst das Recht, den Gesundheitsbetrieb rechtskräftig nach außen vertreten zu können (bspw. Unterschriftsvollmacht).
		Verfügungsbefugnis	Begründet das Recht auf Verfügung über Sachen und Werte des Betriebs.

Art	Elemente		Beispiele
Materielle Stellenelemente	Informationsbefugnis		Beinhaltet den Anspruch auf den Bezug bestimmter Informationen.
	Verantwortung		Möglichkeit, für die Folgen eigener oder fremder Handlungen im Gesundheitsbetrieb Rechenschaft ablegen zu müssen.
	Aufgabenträger		Ein Mitarbeiter allein, es sei denn, mehrere Mitarbeiter sind einer Stelle zugeordnet (beispielsweise OP-Team).
	Stellenbeschreibung		Kenntnisse, Fähigkeiten, Fertigkeiten, Erfahrungen, erforderliche Kapazitäten (bspw. Vollzeit-, Halbtagsstelle etc.).
	Sachmittel	Basissachmittel	Werden üblicherweise zur Aufgabenerledigung benötigt (Raum, Mobiliar etc.).
		Entlastende Sachmittel	Entlasten bei der Aufgabenerledigung, ohne jedoch davon zu befreien (beispielsweise Terminplaner für die Vergabe von Patiententerminen).

Art	Elemente	Beispiele
	Automatische Sachmittel	Befreien von der Aufgabenerledigung, ohne jedoch deswegen Kontrollfunktionen und Verantwortung abzugeben (beispielsweise PC).

Die Aufgabenpakete einer Stelle werden üblicherweise in **Stellenbeschreibungen** festgehalten. Sie enthalten als Tätigkeitsdarstellung oder Arbeitsplatzbeschreibung eine formularisierte Fixierung aller wesentlichen Stellenmerkmale und dienen neben der aufbauorganisatorischen Dokumentation, der Vorgabe von Leistungserfordernissen und Zielen sowie der Objektivierung der Lohn- und Gehaltsstruktur durch Angabe von Arbeitsplatz-/Stellenbezeichnung, Rang, Unter- und Überstellungsverhältnis, Ziel des Arbeitsplatzes/der Stelle, Stellvertretungsregelung, Einzelaufgaben, sonstige Aufgaben, besondere Befugnisse, besondere Arbeitsplatz-/Stellenanforderungen etc.

Der Einsatz des Personals richtet sich nach den in der Stellenbeschreibung dokumentierten Tätigkeiten. In ihnen werden die Arbeitsplätze und Tätigkeiten des Gesundheitsbetriebs beschrieben, so dass die Mitarbeiter hinsichtlich ihrer Qualifikationen bestmöglich einer Stelle zugeordnet werden können (siehe **Tabelle 6.2**).

Tabelle 6.2 Inhalte von Stellenbeschreibungen im Gesundheitsbetrieb.

Inhalt	Beispiel Verwaltungsstelle ZA-Praxis
Arbeitsplatz-/Stellenbezeichnung	Praxisverwaltung/-rezeption
Rang	Leitung Praxisverwaltung/-rezeption
Unterstellungsverhältnis	Praxisleitung

Inhalt	Beispiel Verwaltungsstelle ZA-Praxis
Überstellungsverhältnis	Auszubildende
Ziel des Arbeitsplatzes/der Stelle	Erledigung aller Verwaltungsarbeiten in der Zahnarztpraxis
Stellvertretungsregelung	ZMA
Aufgabenbereich im Einzelnen	Kassen und Privatliquidation Patientenverwaltung Patientenempfang Korrespondenz Terminvergabe Telefondienst
Sonstige Aufgaben	Einkauf medizinischen Verbrauchsmaterials
Besondere Befugnisse	Einkaufsberechtigung bis 1.000 Euro
Arbeitsplatz-/ Stellenanforderungen	Zahnmedizinische Verwaltungshelferin ZMV

Das Personal des Gesundheitsbetriebes kann dort am effizientesten eingesetzt werden, wo persönliche Eigenschaften, Fähigkeiten und Fertigkeiten der einzelnen Mitarbeiter am besten mit dem jeweiligen Anforderungsprofil übereinstimmen.

Durch die **Ablauforganisation** eines Gesundheitsbetriebs wird festgelegt wann, wie und wo die einzelnen Aufgaben verrichtet werden. Auch dazu dient die Aufgabenzerlegung aus der Aufbauorganisation. Die dabei gewonnenen Teilaufgaben werden in einzelne Arbeitsschritte zerlegt, die dann in eine zeitlich und räumlich richtige Reihenfolge gebracht werden. Als Hilfsmittel für die Darstellung und Verdeutlichung von Arbeitsabläufen dienen Arbeitsablaufpläne und -diagramme (siehe **Abbildung 6.2**).

Abbildung 6.2 Darstellungsmöglichkeiten für Prozesse im Gesundheitsbetrieb.

Liste

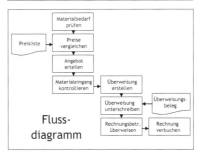

Blockschaltbild

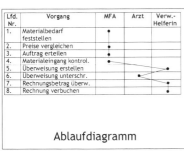

Ablaufdiagramm

Flussdiagramm

6.2 Gestaltung der Arbeitszeiten und -plätze in Gesundheitsbetrieben

Für den zeitlichen Einsatz des Personals von Gesundheitsbetrieben eignen sich unterschiedliche **Arbeitszeitmodelle**, die je nach Bedarf zur Anwendung gelangen können. In ihnen werden die Dauer der täglichen Arbeitszeit und die gleichmäßige oder ungleichmäßige Verteilung auf die Wochentage festgelegt. Den Rahmen für den Gesundheitsbetrieb bilden hierzu der jeweilige Tarifvertrag (beispielsweise *Tarifvertrag für den öffentlichen Dienst der Länder TV-L*) sowie die Regelungen des *Arbeitszeitrechtsgesetzes (ArbZRG)*:

- Vollzeit. Vollzeitarbeitskraft mit hundertprozentigem Beschäftigungsgrad (Mitarbeiter, die vertraglich zu acht Stunden Tagesarbeitszeit verpflichtet sind, erbringen demnach an einem Tag acht Stunden, in der Woche 40 Stunden etc.).

- Teilzeit: Nach dem *Teilzeit- und Befristungsgesetz (TzBfG)* sind Arbeitnehmer dann teilzeitbeschäftigt, wenn ihre regelmäßige Wochenarbeitszeit kürzer ist als die regelmäßige Wochenarbeitszeit vergleichbarer vollzeitbeschäftigter Arbeitnehmer des Gesundheitsbetriebes (Halbtagsarbeit, Teilzeitschichten, Blockteilzeit, Bandbreitenmodell, Jahresteilzeit, Qualifizierte Teilzeitarbeit, Altersteilzeit etc.).

- Gleitende Arbeitszeit: Die Lage von Arbeitsbeginn und -ende innerhalb einer Zeitspanne ist individuell wählbar.

- Schichtarbeit: Liegt vor, wenn mindestens zwei Arbeitnehmer ein und dieselbe Arbeitsaufgabe erfüllen, indem sie sich regelmäßig nach einem feststehenden für sie überschaubaren Plan ablösen, so dass der eine Arbeitnehmer arbeitet, während der andere arbeitsfreie Zeit hat (permanente Schichtsysteme, Wechselschichten: Zwei- oder Mehr-Schichtsysteme).

- Mehrfachbesetzungs-Modell: Variante der Schichtarbeit, bei der mehr Mitarbeiter beschäftigt werden, als Arbeitsplätze vorhanden sind.

- Versetzte Arbeits- oder Staffelarbeitszeiten: Der Gesundheitsbetrieb stellt mehrere aufeinander folgende, gleichlang andauernde Arbeitszeiten zur Auswahl (versetze Arbeitszeit: Anwesenheitspflicht für eine Gruppe von Mitarbeitern zu einem vorgeschlagenen Zeitpunkt, gestaffelte Arbeitszeit: Mitarbeiter können Zeitpunkt selbst wählen).

- „Freie Tage" -Modell (häufig in Kombination mit Schichtmodellen): Die Differenz von täglicher Arbeits- und Betriebszeit wird durch freie Tage bzw. Freischichten ausgeglichen (Varianten: Mitarbeiter wählt freie Tage selbst, Gesundheitsbetrieb bestimmt die freien Tage, Betriebsferien etc.).

- Job-Sharing: Mehrere Arbeitskräfte teilen sich eine bestimmte Anzahl von Arbeitsplätzen (Job-Splitting: eine Vollzeitstelle teilt sich in zwei selbstständige Teilzeitstellen, Job-Pairing: Arbeitnehmer erledigen die Arbeit zusammen).

- **Jahresarbeitszeitmodell:** Variabler Bestandteil eines normalen Arbeitsvertrages, der die einem Jahr zu erbringende Stundenzahl an Arbeitszeit festlegt; ermöglicht eine ungleichmäßige Verteilung der Arbeitszeit.

- *Kapazitätsorientierte variable Arbeitszeit (KapovAz)*: Abrufarbeit, bei der der Gesundheitsbetrieb die Arbeitsleistung des Mitarbeiters auf der Grundlage eines Einzelvertrages und eines vorgegebenen Arbeitszeitkontingentes entsprechend dem gegebenen betrieblichen Arbeitsanfall anpasst.

- **Zeitautonome Modelle:** Gesundheitsbetrieb gibt Mindestbesetzung und Betriebszeit vor und eine Mitarbeitergruppe erhält das Recht über Planung und Anordnung ihrer eigenen Arbeitszeiten zu entscheiden, wobei persönliche und betriebliche Interessen verbunden und berücksichtigt werden sollen.

- **Gleitender Übergang in den Ruhestand:** Mitarbeiter leisten pro Woche oder Jahr eine verkürzte Arbeitszeit, Interessant bei Schichtarbeit, Potenziale werden länger genutzt.

- **Vorruhestand:** Anfang der 80er Jahre entstandenes Modell zur Verkürzung der Lebensarbeitszeit (variabel nach Zeitpunkt, Verträge, Finanzierungsform etc.).

> Während Schichtarbeit häufig im Krankenhausbereich, bei Notfallaufnahmen, intensivmedizinischer Betreuung oder Pflegediensten anzutreffen ist, eignet sich Job-Sharing beispielsweise bei der Patientenaufnahme an einer Rezeption und das Jahresarbeitszeitmodell möglicherweise zur Anpassung an den Kapazitätsbedarf einer orthopädischen Praxis oder Klinik zur Versorgung von Ski-Unfällen in den Wintermonaten.

Schichtsysteme sind in Gesundheitsbetrieben zur jederzeitigen Patientenversorgung nicht nur notwendig, sie haben auch den Vorteil, dass sie die Kapazitätsauslastung und auch das Leistungsangebot steigern. Durch eine verbesserte Kapazitätsauslastung sinken in der Regel die Fixkosten und damit die Kosten je Behandlungsfall. Bei der Einführung eines Schichtsystems sollten folgenden Schritte berücksichtigt werden:

- Klärung der Rahmenbedingungen für das beabsichtigte Schichtsystem: ausreichende Mitarbeiteranzahl für ein Schichtsystem, Akzeptanz bei den Mitarbeitern, erforderliche Ausdehnung der Gesamtarbeitszeit etc.,
- Bestimmung der neuen Gesamtarbeitszeit: Wochentage, Gesamtarbeitszeit pro Tag, Pausen etc.,
- Festlegung der Anzahl und Zeiten der einzelnen Schichten: Früh- und Spätschicht, Zeitdauer der einzelnen Schichten, Überlappungszeiten für die einzelnen Schichten etc.,
- Festlegung der einzelnen Schichtstärken: Leitungsfunktionen, Anzahl, Qualifikationen pro Schicht etc.
- Entwicklung von Schichtplänen: regelmäßige Wechsel, Berücksichtigung persönlicher Freizeitinteressen, Urlaubszeiten und Feiertage etc.

Die *Bundesanstalt für Arbeitsschutz und Arbeitsmedizin (BAuA)* gibt folgendes Beispiel arbeitswissenschaftlich günstiger Arbeitszeitgestaltung eines kontinuierlichen Drei-Schichtsystems mit unterschiedlichem Personalbedarf im Bereich der Kranken- und Altenpflege:

In einer Altenpflegeeinrichtung mit insgesamt 85 Beschäftigten wurde nach einer Möglichkeit gesucht, diese Regelung durch eine Integration der Nachtdienste in die Tagdienste abzubauen. Dabei mussten im besonderen Maße die über die Tage und die Woche unterschiedlichen Bedarfe an Personal berücksichtigt werden:

- 1. Schritt: Erfassung der jeweils benötigten Anzahl von Pflegekräften zu bestimmten Zeiten eines Tages und für jeden Tag der Woche (von Montag bis Freitag wird zwischen 0:00 und 6:00 eine Pflegekraft benötigt, von 6:00 bis 12:45 drei und von 12:45 bis 14:15 fünf Pflegekräfte. Am Wochenende hingegen ist tagsüber weniger Personal – und zwar von 6:00 bis 12:45 zwei und von 12:45 bis 14:15 vier Pflegekräfte – eingeplant).
- 2. Schritt: Berechnung der Schichten: Ermittlung der entsprechenden Schichten mit Anfangs- und Endzeit sowie den jeweiligen Personalbedarf in den Schichten (die Frühschichten von Montag bis Freitag sind stärker besetzt als die Spätschichten, an den Wochenenden ist die Besetzung jedoch gleich. Die Nachtschicht ist an allen Tagen nur einmal besetzt).

- 3. Schritt: Erstellen eines Schichtplans: Für die angestrebte durchschnittliche Wochenarbeitszeit von 38,5 Std. wird ein Dienstplan mit einem neunwöchigen Zyklus erstellt (der Ausgleich zwischen der Wochenarbeitszeit des Neun-Wochensystems von 37,83 Std. und der vereinbarten Wochenarbeitszeit von 38,5 Std. wird über gelegentliche Vertretung im Krankheits- und Urlaubsfall erreicht).

Die **Tabelle 6.3** zeigt eine starke Massierung von Arbeitstagen, was aus arbeitswissenschaftlicher Sicht nicht empfehlenswert ist. Für die Pflegekräfte war dies jedoch gerade aus diesem Grunde akzeptabel, da der Dienstwechsel bisher auch im Sieben-Tage-Rhythmus stattfand. Weitere Vorteile waren maximal vier Nachtdienste in Folge, maximal vier Spätdienste in Folge, mindestens vier freie Tage nach Nachtdiensten sowie vier komplett freie Wochenenden in neun Wochen, relativ regelmäßig verteilt.

Tabelle 6.3 Beispiel arbeitswissenschaftlich günstiger Arbeitszeitgestaltung eines kontinuierlichen Drei-Schichtsystems für eine Altenpflegeeinrichtung Quelle: Bundesanstalt für Arbeitsschutz und Arbeitsmedizin (BAuA).

Wochentage / Wochen	Mo	Di	Mi	Do	Fr	Sa	So
1	F	F	F	F	F		
2		S	S	S	N	N	N
3	N					F	F
4	F	F	F	F	F	F	
5					S	S	S
6	S	N	N	N			
7		F	F	F		S	S
8	S	S				F	F
9	F	F	S	S	S		

F = Frühschicht, S = Spätschicht, N = Nachtschicht

Die Bedeutung der genauen **Arbeitszeiterfassung** liegt nicht so sehr im Umgang mit Streitfällen, etwa dann, wenn im Gesundheitsbetrieb häufig Überstunden anfallen oder es einzelne Mitarbeiter mit der Pünktlichkeit nicht so genau nehmen. Sie stellt zwar ein wirksames Mittel dar, um derartige Auseinandersetzungen oder Ungerechtigkeiten bezüglich der tatsächlichen Arbeitszeit zu vermeiden, ist aber in erster Linie für die Ermittlung der Personalkosten unverzichtbar. Im Gesundheitsbetrieb sind am häufigsten folgende Systeme anzutreffen:

■ Selbstaufschreibung mit anschließender manueller Auswertung: Sie ist ein häufig verwendetes Zeiterfassungssystem und setzt ein großes Maß an Vertrauen voraus.

■ Elektronische Zeiterfassung mit Hilfe von Ident-Karten: Hierbei übernehmen die Ident-Karten im Scheckkartenformat die Aufgaben frühere Stempelkarten; auf ihnen sind die Arbeitszeitmodelle der einzelnen Mitarbeiter hinterlegt.

■ Zeiterfassung durch das Krankenhaus- oder Praxisinformationssystem: Hier sind Arbeitszeiterfassungsprogramme als Standardsoftware installiert; die Arbeitszeiten werden dabei durch tägliches persönliches An- und Abmelden am System erfasst und zu direkt abrufbaren Arbeitszeitprotokollen ausgewertet.

Durch alle Systeme lassen sich Arbeitsbeginn und -ende sowie die Pausen exakt erfassen und die tatsächlich geleisteten Arbeitszeiten genau berechnen. Voraussetzung für die Einführung einer elektronischen Zeiterfassung in Gesundheitsbetrieben mit Betriebsrat ist jedoch der Abschluss einer entsprechenden Betriebsvereinbarung.

Die **Arbeitsergonomie** im Gesundheitsbetrieb befasst sich mit der Schaffung geeigneter Arbeitsbedingungen und menschgerechter Gestaltung der Arbeitsplätze. Damit sollen möglichst eine effiziente und fehlerfreie Arbeitsausführung sichergestellt und die Mitarbeiter im Gesundheitsbetrieb vor gesundheitlichen Schäden auch bei langfristiger Ausübung ihrer Tätigkeit geschützt werden.

In den letzten Jahrzehnten haben sich die Arbeitsbedingungen für die Mitarbeiter in Gesundheitsbetrieben erheblich verbessert. Die ergonomische Gestaltung von Arbeits- und Behandlungseinrichtungen, das heißt die bestmögliche Anpassung der Arbeitsbedingungen an den Menschen als Arzt, Pflegehelfer oder Patient, hat einen wesentlichen Teil dazu beigetragen. Moderne medizintechnische Geräte, Behandlungsplätze, Praxiseinrichtungen oder Laborausstattungen berücksichtigen die Forderung, die fachliche Methodik und ihre medizinischen, medizintechnischen und hygienischen Gesichtspunkte mit optimalen physiologischen Arbeitsbedingungen weitestgehend in Einklang zu bringen. Sie erfüllen in der Regel alle DIN-Vorgaben der 33400er Reihe, die beispielsweise Anforderungen an Arbeitsplätze und -mittel enthält:

- Höhenverstellbarkeit der Arbeitsflächen-, Sitz- oder Standhöhe,
- Anpassung von Sitzgelegenheiten an die anatomischen und physikalischen Gegebenheiten des Menschen,
- ausreichender Bewegungsraum für Arme, Beine und Füße,
- Berücksichtigung individueller und genereller Abmessungen,
- Vermeidung unnötig hoher Belastungen von Muskeln, Gelenken, Bändern, Herz- und Kreislaufsystemen,
- Ermöglichen eines häufigen Wechsels zwischen Sitzen und Stehen,
- weitestgehende Vermeidung von Zwangshaltungen durch Wechsel mit entlastenden Körperhaltungen und -bewegungen,
- Vermeidung statischer Muskelarbeit,
- Angleichung von Krafteinsatz und Bewegungsmaß,
- Anpassung der Bewegungsanforderungen an die natürlichen Bewegungen.

Die *Deutsche Arbeitsschutzausstellung (DASA)* der *Bundesanstalt für Arbeitsschutz und Arbeitsmedizin (BAuA)* bietet in Dortmund beispielsweise einen eigenen Ausstellungsbereich „Heilen und Pflegen" an, die den besonderen physischen Belastungen der Heil- und Pflegeberufe, wie langes Stehen, häufiges Bücken, das Heben und Tragen schwerer Lasten, Schichtdienst, unregelmäßige Arbeitszeiten, aber auch den psychischen Belastungen im täglichen Umgang mit kranken, zu pflegenden, sterbenden Menschen Rechnung trägt. Dazu werden Lösungsmöglichkeiten jeglicher Art angeboten, die den Pflegealltag erleichtern sollen, wie beispielsweise behindertengerecht ausgestattete Musterräume mit Deckenlifter, mit dessen Hilfe Behinderte, die in ihrer Bewegungsfähigkeit stark eingeschränkt sind, ohne schweres Heben und Tragen und ohne große bautechnische Veränderung, bewegt werden können.

6.3 Virtuelle Arbeitsformen

Mit dem verstärkten Einsatz von Informations- und Kommunikationstechnologien verändern sich auch im Gesundheitsbetrieb die Formen der Leistungserstellung, der Arbeitsteilung und des Austauschs von Leistungen. Die Verfügbarkeit der menschlichen Arbeitskraft wird durch Telemanagement, Telekooperationen und Telearbeit auf eine neue Basis gestellt. Im Vordergrund steht dabei der Gedanke der verstärkten räumlichen und zeitlichen Verteilung menschlicher Arbeitskraft mit den Zielen größerer Flexibilität, ökonomischer Effizienz und Patientennähe.

In der Folge dieser Entwicklung ist der Begriff *Arbeitsplatz* neu zu definieren. Der Arbeitsplatz in dem oben genannten Sinne ist virtuell und damit überall dort ansiedelbar, von wo aus eine Verbindung zu Netzwerken, Rechnern im Gesundheitsbetrieb, Computern von Leistungserbringern etc. möglich ist. Unter Nutzung entsprechender Informations- und Kommunikationstechnologie ist dabei eine größtmögliche Ortsungebundenheit realisierbar. Das suggeriert, dass mit der Einrichtung virtueller und damit standortunabhängiger Arbeitsplätze die entsprechenden ortsgebundenen Arbeitsplätze beispielsweise in der Verwaltung von Arzt- und Zahnarztpraxen, Pflegeheimen oder Krankenhäusern ersatzlos entfallen können. Dies trifft jedoch nur zum Teil zu. Während der herkömmliche, personengebundene Büroarbeitsplatz überflüssig wird, sind personenungebundene Arbeitsplätze nötig, an denen im Gesundheitsbetrieb bedarfsweise mehrere Mitarbeiter arbeiten können. An Stelle des persönlichen Schreibtisches tritt eine gemeinsam genutzter Schreibtisch (Shared Desk), der mit entsprechenden Docking-Stationen für mobile Rechner, Peripheriegeräte, Büromaterial sowie digitale Telefoneinrichtungen, welche die Telefonnummer an den gerade genutzten Schreibtisch schalten oder Anrufe entsprechend weiterleiten, ausgestattet ist. Dieser Arbeitsplatz kann alternierend beispielsweise von mehreren Teilzeit-Mitarbeitern in der medizinischen Dokumentation, der Leistungsabrechnung, der allgemeinen Verwaltung etc. des Gesundheitsbetriebs genutzt werden, die im Bedarfsfalle physisch im Gesundheitsbetrieb anwesend sein und von dort aus tätig werden müssen. Die dadurch mögliche Reduzierung von festen, personengebundenen Büroarbeitsplätzen führt zu einem Kostenvorteil aufgrund der Einsparung von Arbeits- und Büroflächen.

Unter **Telearbeit** ist in diesem Zusammenhang eine rechnergestützte Arbeitsleistung zu verstehen, die mit Hilfe elektronischer Hilfsmittel an einem vom Gesundheitsbetrieb räumlich getrennten Arbeitsplatz verrichtet wird. Der Arbeitsort wird dadurch variabel. Sie erscheint insbesondere dann geeignet, wenn organisatorisch keine physische Präsenz des Mitarbeiters im Gesundheitsbetrieb erforderlich ist, die durchzuführenden Tätigkeiten eine ergebnisorientierte Führung erlauben und die Verantwortlichkeiten eindeutig geregelt sind.

Doch nicht nur Verwaltungsarbeitsplätze lassen sich in Gesundheitsbetrieben virtualisieren. Grundlage hierfür sind die Möglichkeiten des elektronischen Informations- und Datenaustausch im Gesundheitswesen auf der Basis von *eHealth* und *Telemedizin*.

Nach B. Wirtz (2009) lassen sich unter **eHealth** „…innovative IT-Anwendungen und -Systeme zum Austausch, zur Speicherung und Verarbeitung medizinisch relevanter Daten mit dem Ziel einer Effektivitäts- und Effizienzsteigerung im Gesundheitswesen…" verstehen. Damit fasst dieser Begriff in zunehmenden Maße eine Vielzahl von Anwendungen, Entwicklungen, Vernetzungen sowie den Daten- und Informationsaustausch hauptsächlich auf der Basis des Internet in der Gesundheitsversorgung zusammen, die zum Teil auch durch Begriffe wie Cybermedizin, E-Gesundheit oder Online-Medizin in der Vergangenheit gekennzeichnet worden sind. Die Bezeichnung eHealth steht dabei für „electronic Health" und stellt zum einen die elektronische Unterstützung bzw. Digitalisierung von Prozessen im Bereich von Medizin- und Pflege dar, zum anderen beinhaltet eHealth aber auch neue Leistungen und Problemlösungen, die erst aufgrund der dahinter stehenden informations- und kommunikationstechnologischen Entwicklung möglich werden.

Lange Zeit stand für derartige Entwicklungen weitestgehend der Begriff der **Telemedizin**, die ausgehend von der in den 70er Jahren begründeten Telematik, die Überwindung räumlicher und zeitlicher Unterschiede mit Hilfe der Telekommunikation und Informatik zu Diagnose- und Therapiezwecken zum Ziel hat.

> Die *Deutsche Gesellschaft für Telemedizin (DGTelemed)*, Berlin, beschreibt die Telemedizin als ein „...vergleichsweise neues Tätigkeitsfeld im Gesundheitswesen. Man versteht darunter die Erbringung konkreter medizinischer Dienstleistungen in Überwindung räumlicher Entfernungen durch Zuhilfenahme moderner Informations- und Kommunikationstechnologien. Der mittlerweile etablierte Begriff Telemedizin fällt unter den weiten Oberbegriff E-Health, der noch nicht endgültig definiert wurde. Man fasst heute viele Aktivitäten wie den Einsatz elektronischer Medien im Gesundheitswesen allgemein (Stichwort: elektronische Gesundheitskarte, elektronische Patientenakte, elektronische Fallakte, elektronischer Arztbrief oder eRezept u. a.), die Telemedizin, Telematik u. a. unter diesem Begriff zusammen. So wird beispielsweise die Telematik im Gesundheitswesen als ein Sammelbegriff für gesundheitsbezogene Aktivitäten, Dienste und Systeme definiert, die über räumliche Entfernung mit Mitteln der Informations- und Kommunikationstechnologie ausgeführt werden." (siehe **Tabelle 6.4**).

Tabelle 6.4   Beispiele für telemedizinische Anwendungen.

Anwendung	Erläuterungen/Beispiele
Telemetrie	Übertragung von Daten eines bspw. am Patienten befindlichen Sensors zu einer räumlich entfernten Stelle (bspw. Fernmessung einer Pulsfolge, Pulsfrequenz oder Pulsdauer).
Telediagnostik	Begutachtung medizinischer Bilder von mehreren, voneinander entfernten Teilnehmern zur Ermittlung einer Diagnose (bspw. bildgestützte Telediagnostiksysteme in der Teleradiologie oder der Telepathologie).

Anwendung	Erläuterungen/Beispiele
Telekonsultation	Live erfolgende oder auch zeitlich versetzt Diskussion von schwierigen, seltenen und ungewöhnliche Fällen auch über eine große Distanz mit Kollegen oder Spezialisten, um eine zweite Meinung einzuholen und zur Bestätigung, Verfeinerung oder auch Korrektur der Arbeitsdiagnose (bspw. insbesondere in Fachdisziplinen wie Radiologen und Pathologen, die mit Bildinformationen arbeiten, und für notwendige Spezialuntersuchungen, die nicht vor Ort bereit gehalten werden).
Telemonitoring	Fernuntersuchung, -diagnose und -überwachung von Patienten und deren Ausstattung mit speziell ausgerüsteten Mobiltelefonen, Personal Digital Assistant (PDA) oder Geräten zur Messung von Vitaldaten (bspw. im Rahmen der Diabetologie, Pulmologie, Kardiologie zur Übertragung von Gewichts-, Blutdruck-, Herzfrequenzdaten an medizinische Betreuer, Informationen und Rückmeldungen des Arztes, Erinnerungen an Medikamenteneinnahme, durchzuführende Messungen etc.).
Telechirurgie	Effizienzsteigerung chirurgischer Eingriffe durch die intraoperativ verfügbare relevante Bildinformation und die Möglichkeit zur fachübergreifenden konsiliarischen Beratung (bspw. audiovisuelle Kommunikation und Konsultation, Übertragung 3D-rekonstuierter Datensätze verschiedener Schnittbildverfahren, Übertragung hochaufgelöster stereoskopischer Video-Bewegtbilder).
Teleradiologie	Bildgebende Untersuchung des Patienten, ohne dass sich der verantwortliche, fachkundige Radiologe vor Ort befindet (Teleradiologie nach RöV mittels elektronischer Datenübertragung).

Anwendung	Erläuterungen/Beispiele
Telekardiologie	Übertragung wichtiger kardiologischer, telemetrischer Daten über Mobilfunknetz oder Festleitung zur Information über den Gesundheitszustand des Patienten bspw. bei Herzschrittmachern, implantiertem Cardioverter-Defibrillator (ICD) oder bei einem Herzinsuffizienz-Therapiesystem für die Cardiale Resynchronisations-Therapie (CRT).
Teledermatologie	Digitalisierte Übertragung von hochqualitativen Stand- bzw. Bewegtbildern von Befunden verschiedener diagnostischer Verfahren, wie der Auflichtmikroskopie, der Sonografie und der Histopathologie bspw. zur Übermittlung unklarer Krankheitsbilder, insbesondere bei cutanen Neoplasien, bösartigen epithalen Geschwüren der Haut oder malignen Melanom.
Teleneurologie	Ferndiagnostik von Schlaganfallpatienten mittels Video- und Tonübertragung (bspw. neurologische Akutexpertise, bei diffizilerem neurologischen Untersuchungsstatus vor allem im Bereich der Hinstammsymptomatik und Differenzialdiagnostik, ortsunabhängige internistische und neurologische Durchführung der Systemischen Fibrinolyse).
Telepathologie	Übertragung und Interpretation von digitalisierbaren Mikroskop- und Laborbefunden per Internet bspw. durch Verwendung von digitalen Bildern verschiedener Teile einer Sektion, Fernsteuerung eines Mikroskops, Bilddokumentation oder automatischer Bildübertragung.

Anwendung	Erläuterungen/Beispiele
Telepsychiatrie	Medizinische Beratungen im Fachbereich Psychiatrie und Psychosomatik per Datenübertragung oder Videokonferenz, telepsychiatrisch durchgeführte Fachkonsilien in Krankenhäusern und Pflegeeinrichtungen, telepsychiatrische Vernetzung und kurzfristig verfügbare Fachberatung.

Insofern erscheint *eHealth* als eine Fortführung und Erweiterung der Telemedizin unter Nutzung jeweils aktueller informations- und kommunikationstechnischer Entwicklungen. Aktuelle Nutzungs- und Entwicklungslinien des *eHealth* sind insbesondere:

- Vernetzungsbestrebungen im Gesundheitssystem,
- Anwendungen der Telemedizin, die sich auf die Infrastruktur oder Technologie des Internet stützen,
- Bereitstellung von Gesundheitsinformationen und Dienstleistungen über das Internet.
- direkte Interaktionen zwischen Patienten und Computer bzw. Internetanwendungen,
- Infrastrukturinitiativen auf informations- und kommunikationstechnologischer Basis im Gesundheitswesen.

Eine wichtige Einsatzmöglichkeit virtueller Arbeitsformen ist die zeit- und ortsunabhängige **Informationsbeschaffung** im Gesundheitsbetrieb. Alleine für den Bereich der Medizin existieren weltweit hunderte von *Literaturdatenbanken* von verschiedenen Anbietern (beispielsweise für die Allgemeinmedizin *Medline, PubMed, Embase, Biosis Preview IPA (International Pharmaceutical Abstracts), Derwent Drug File* etc.). Die *Teleexpertise* umfasst beispielsweise den Einsatz von intelligenten Suchmaschinen für den Gesundheitsbetrieb zur Entscheidungsunterstützung im Bereich Behandlung und Pflege. Beispiele für derartige Suchmaschinen sind: *HighWire* (Stanford Univ.), *Medweb, Medexplorer, Medstory, Medical World Search, Dr. Antonius, MediSuch, MedHunt, Medivista, Gopumed, Medaplus* etc.

Die Nutzung medizinischer *Prozessbibliotheken* unterstützt den Gesundheitsbetrieb bei der Erstellung klinischer Pfade, die oft mit hohen Kosten verbunden ist, da hierfür Ressourcen zur Verfügung gestellt werden müssen, häufig externe Berater involviert sind, oder ein gewähltes Abstraktionsniveau für die Pfadprozesse der einzelnen Arbeitsgruppen in den Gesundheitsbetrieben sehr unterschiedlich ausfällt. Die Informationsbeschaffung bezieht sich auch auf die Nutzung medizinischer *Projektdatenbanken*, die dazu beitragen, Insellösungen oder Doppelarbeiten zu vermeiden und festzustellen, ob Vergleichbares bereits geplant oder gar schon realisiert wurde.

Ein weiterer wichtiger Einsatzbereich virtueller Arbeitsformen für den Gesundheitsbetrieb ist die **Interaktion** zwischen den Leistungserbringern und den Patienten. Hierbei geht es insbesondere um den intersektoralen Austausch von Nachrichten und strukturierten Dokumenten im medizinischen Kontext, mit dem Ziel, den Austausch von Daten und Prozessinformationen sowie deren Weiterverarbeitung zwischen dem ambulanten und dem stationären Sektor im Sinne einer integrierten Versorgung zu ermöglichen (siehe **Tabelle 6.5**).

Tabelle 6.5   Virtuelle Arbeitsunterstützung im Gesundheitsbetrieb am Beispiel der Interaktion zwischen den Leistungserbringern und Patienten.

Unterstützungsart	Beschreibung
Elektronischer Arztbrief (eArztbrief)	Unterstützt die Arztbriefkommunikation, indem die wichtigsten Inhalte wie Fragestellung, Anamnese, Befunde, Diagnosen, Therapien bzw. Behandlungsmaßnahmen in digitaler Form an den Adressaten übermittelt werden.

Unterstützungsart	Beschreibung
Elektronischer Reha-Kurzbrief	Sonderform des eArztbriefes, der die nachbetreuenden Ärzte über wesentliche Inhalte und Ergebnisse der medizinischen Leistungen zur Rehabilitation informiert und dazu wichtige Daten zur Nachsorge, Informationen über den Verlauf der Rehabilitation, Rehabilitationsdiagnosen, die empfohlene Medikation und über die weitergehenden Nachsorgemaßnahmen sowie die sozialmedizinische Beurteilung in Kurzform enthält.
Elektronischer Reha-Entlassungsbericht	Übernimmt als einheitlicher Entlassungsbericht in der medizinischen Rehabilitation der gesetzlichen Rentenversicherung die relevanten Elemente des Arztbriefes, verarbeitet sie weiter und tauscht sie zwischen Rehabilitationsbereich, ambulantem und stationärem Sektor aus.
D2D (Doctor To Doctor)	Übertragungsstandard für den Austausch von Ärzten untereinander und mit den Kassenärztlichen Vereinigungen, der die vertrauliche medizinische Datenübertragung sicherstellen soll. Auf der Basis von D2D werden neben der Übertragung des eArztbriefes beispielsweise auch die Online-KV-Abrechnung, der Datenaustausch mit Leistungserbringern in der gesetzlichen Unfallversicherung (DALE-UV) oder der Labordatentransfer (LDT) ermöglicht.
Teledokumentation	Elektronische Aufzeichnung, Speicherung und Übertragung von Patienten-, Gesundheits-, Medikations- oder Notfalldaten.

Unterstützungsart	Beschreibung
Elektronische Patientenakte (ePA)	Digitalisierte Dokumentation aller Patientendaten, die seinen Krankheits- und Behandlungsverlauf wiedergeben, als prozessorientierte Dokumentation mit den notwendigen Befunddaten, zugehöriger Korrespondenz, Diagnosen, Behandlungsverläufen und -ergebnissen, unter weitestgehender Nutzung und Integration verschiedener Medien, wie digitale Fotografien, Bilder, Grafiken, die auch alle verfügbaren Informationen früherer Krankheiten und Behandlungen enthält.
Televisite	Ambulante, postoperative telemedizinische Nachsorge, die Patient und Arzt mit Hilfe von Computer, Mikrofon und Digitalkamera nach der Entlassung aus dem Krankenhaus durchführen. Dazu überträgt der Patient beispielsweise selbst erstellte Wundfotografien und Angaben über erhöhte Körpertemperatur, Wundschmerzen regelmäßig an den Klinikarzt oder das ihn behandelnde ambulante Operationszentrum, die die Daten überwachen, reagieren und/oder Fragen beantworten.

D2D wurde von der *Telematik Arbeitsgemeinschaft der bundesdeutschen Kassenärztlichen Vereinigungen* in Kooperation mit dem *Fraunhofer-Institut für Biomedizinische Technik (IBMT)*, St. Ingbert, als spezielle Telematik-Plattform für das deutsche Gesundheitswesen entwickelt, um für eine sichere und zukunftsfähige Telematik der ärztlichen Selbstverwaltung zu sorgen. Es wird in *Praxisverwaltungssysteme (PVS)* und *Krankenhausinformationssysteme (KIS)* integriert und übernimmt die Sicherung der Daten während des Transports zwischen den medizinischen Leistungserbringern, indem alle Daten grundsätzlich als signierte Dokumente übermittelt, während der Übertragung und während der Speicherung auf dem Server verschlüsselt und durch zusätzliche Transport-Signaturen hinsichtlich Unversehrtheit und Authentizität abgesichert werden.

Weitere Möglichkeiten des Einsatzes virtueller Arbeitsformen im Gesundheitsbetrieb bieten die integrierenden Informationssysteme, wie

- Krankenhausinformationssysteme (KIS): Sie umfassen alle informationsverarbeitenden Prozesse zur Bearbeitung medizinischer und administrativer Daten in einem Krankenhaus. Dazu zählen beispielsweise die Erfassung der erbrachten medizinischen Leistungen nach *DRG*-Fallpauschalen, die Erfassung der Krankheitsdaten nach dem *ICD*-Schlüssel, die Verwaltung der Patientenstammdaten, die Abrechnung gegenüber Krankenkassen, Krankenversicherungen und Selbstzahlern, Pflegedokumentation und Pflegeplanung und vieles andere mehr.

- Praxis-Verwaltungs-Systeme (PVS): Sie bewerkstelligen die dokumentierenden, informationsverarbeitenden Prozesse in Arzt- oder Zahnarztpraxen und beinhalten dazu in der Regel Patientendatenmanagementsysteme für Verwaltung und Verarbeitung von Patienten- und Behandlungsfalldaten, Arbeitsplatzsysteme für den/die Ärzte zur Falldokumentation, Anamnese, Berichtsdokumentation, Erstellung von Arztbriefen, Verordnungen, Überweisungen etc., Privat- und Kassenliquidation, Buchführung, Personalverwaltung sowie der Integration von medizinischen Wissensdatenbanken oder bildgebenden Verfahren.

- Heim-Software: Sie sorgen in Pflegeheimen für die zentralen Verwaltung und Verarbeitung von administrativen Daten (Bewohnerdaten Aufnahme, Basisdokumentation, Erfassen und Fakturieren von abrechnungsorientierten Daten, Generieren von Listen und Statistiken, Taschengeldverwaltung, Kommunikation mit den Kostenträgern) sowie von pflegerelevanten Daten (Material- und Medikamentenerfassung, Pflegedokumentation, Essensanforderung, Stationsorganisation, Dienstplanung etc.).

7 Personalentwicklung

7.1 Personalentwicklungsmaßnahmen im Gesundheitsbetrieb

Die **Personalentwicklung** im Gesundheitsbetrieb stellt ein umfassendes Konzept der Einwirkung auf die Mitarbeiter mit dem Ziel dar, die Qualifikationen aufzubauen und weiterzuentwickeln, die sie für die Erfüllung ihrer beruflichen Aufgaben im Gesundheitsbetrieb benötigen. Personalentwicklung ist damit die systematisch vorbereitete, durchgeführte und kontrollierte Förderung der Anlagen und Fähigkeiten der Mitarbeiter in Abstimmung mit ihren Erwartungen und den Veränderungen der Arbeitsplätze und Tätigkeiten im Gesundheitsbetrieb.

Aufgabenorientierte Lernprozesse der klassischen Aus- und Weiterbildung sind wichtig. Darüber hinaus müssen jedoch auch eine ganze Reihe von personenorientierten Entwicklungs- und Veränderungsprozessen unterstützt werden, die das Potenzial der Mitarbeiter weiterentwickeln. Patientenorientiertes Denken und Handeln des Behandlungs- und Pflegepersonals in einem Gesundheitsbetrieb kann nicht befohlen und angeordnet werden. Die Personalentwicklung in einem Gesundheitsbetrieb muss daher längerfristige Entwicklungsprozesse auslösen, die es den Mitarbeitern erlauben, sich mit der Zielsetzung des Gesundheitsbetriebs auseinanderzusetzen und aus der eigenen Überzeugung heraus Verhaltensweisen zu entwickeln, die die Umsetzung der Ziele im eigenen Aufgabengebiet möglich machen.

> *F. Bonkaß* u.a. vom *Berufsbildungswerk Deutscher Krankenhäuser (BBDK) e.V.* sehen im Personal die größte Ressource eines Krankenhauses: „Aufgrund des Dienstleistungscharakters aller im Krankenhaus erbrachten Leistungen nehmen die jeweiligen Mitarbeiter unmittelbaren Einfluss auf die Leistungserbringung. Ihre Qualifikation ist dabei maßgeblich für die Qualität der Leistungen. Für ein zukunftsorientiertes Krankenhaus sollte es demnach eine Selbstverständlichkeit sein, das Personal kontinuierlich zu fördern und gezielt einzusetzen." … „Zukünftig werden Qua-

lität und Effizienz noch mehr als heute entscheidend für den Bestand und Erfolg eines Krankenhauses sein. Um in diesem Wettbewerb langfristig konkurrenzfähig zu bleiben und auf dynamische Veränderungen flexibel reagieren zu können, müssen Krankhäuser gerade als Unternehmen einer Dienstleistungsbranche ihr eigenes Personal als wichtigste Ressource zur Leistungserbringung erkennen und entsprechend fördern. Qualifizierte und gleichsam motivierte und engagierte Mitarbeiter können einen wertvollen Beitrag zum langfristigen Unternehmenserfolg leisten. Strategische Personalentwicklung fordert eine Neuorientierung und Reorganisation in den derzeitigen Krankenhausstrukturen. Die Basis sämtlicher Aktivitäten und Maßnahmen im Bereich der strategischen Personalentwicklung bilden klar definierte Unternehmensziele, an denen die einzelnen Entwicklungsmaßnahmen ausgerichtet werden. Die Aus-, Fort- und Weiterbildung des Personals findet somit stets in Hinblick auf die Verwirklichung der Unternehmensstrategie statt. Die Umsetzung eines solch ganzheitlichen und komplexen Systems erfordert eine strukturierte Planung, Steuerung und Kontrolle, damit der Wertschöpfungsbeitrag zum Unternehmenserfolg gewährleistet und dargestellt werden kann."

Die Patientenorientierung im Gesundheitsbetrieb erfordert engagierte und eigenverantwortliche Mitarbeiter. Sie selbst sind mitverantwortlich für die eigene Entwicklung und dadurch gewissermaßen zu einem eigenverantwortlichen, permanenten Lernen für den Gesundheitsbetrieb verpflichtet (siehe **Abbildung 7.1**).

Verstärkte Marktorientierung, die Anwendung neuer Behandlungs- und Informationstechnologien und das sehr dynamische gesundheitspolitische Umfeld verändern die Aufgaben und Arbeitsabläufe im Gesundheitsbetrieb. Die Fähigkeiten der Mitarbeiter werden in vielen Bereichen des Gesundheitsbetriebs immer weniger von Routinetätigkeiten und immer stärker von komplexen Aufgabenstellungen beansprucht. Die Routineaufgaben stellen heutzutage mehr und mehr die eigentlichen Basisfunktionen dar, die ein Mitarbeiter ohnehin beherrschen muss. Das Anforderungsprofil insgesamt ist für alle umfangreicher und anspruchsvoller geworden. Der Mitarbeiter im Gesundheitsbetrieb muss sich auf ein fachübergreifendes, profund angelegtes Wissen auf dem jeweils aktuellen Kenntnisstand stützen. Was angesichts einer immer stärkeren Patientenorientierung neben solidem Wissen erwartet wird, sind Eigenschaften, die unter den Begriffen methodische und soziale Kompetenzen diskutiert werden. Zur sozialen Kompetenz gehören gegenüber den Patienten Kommunikationsfähigkeit, Einfühlungsvermögen und Flexibilität, um den individuellen Bedürfnissen der Patienten gerecht werden zu können. Gegenüber den übrigen Kolleginnen und Kollegen äußert sich soziale Kompetenz vor allem durch Kooperationsbereitschaft und Teamfähigkeit.

Abbildung 7.1 Rollenverteilung in der Personalentwicklung des Gesundheitsbetriebs.

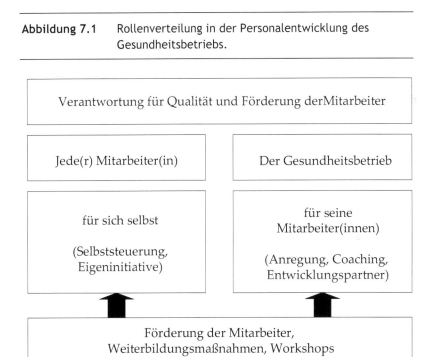

Die Personalentwicklung im Gesundheitsbetrieb kann in unterschiedlichen *Kategorien* ablaufen. Je nach Konzeption und eigenem Einsatz bietet sie unterschiedliche Möglichkeiten und Potenziale (siehe **Abbildung 7.2**).

Abbildung 7.2 Kategorien der Personalentwicklung im Gesundheitsbetrieb nach *Becker* (1994).

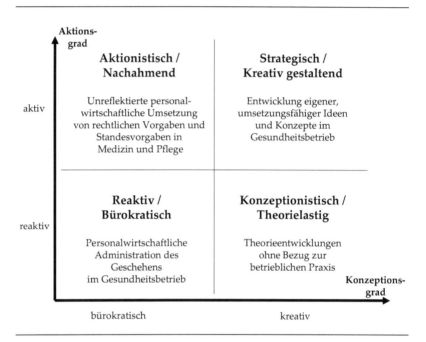

Die *Inhalte* der Personalentwicklung im Gesundheitsbetrieb umfassen:

- Ziele und -grundsätze der Personalentwicklung: Situation des Gesundheitsbetriebs, Veränderung/Situation der Umfeldbedingungen, Leitbild des Gesundheitsbetriebs, Ziele der Personalentwicklung, Stellenwert der Personalentwicklung.
- Planungsgrundlagen und Handlungsfelder: Entwicklungsbedarf, Mitarbeiterbeurteilung, Handlungsfelder.
- Lernziele und Inhalte: Grundsätze der Erwachsenenbildung, Verhältnis Fach-/ Verhaltensqualifikation, Lernziele und -methoden.
- Maßnahmeangebot: Zusammenstellung, Zeit, Ort, Durchführung.

- Rolle der Beteiligten: Grundsatz der Beteiligung aller, Aufgabenverteilung.
- Organisatorische Rahmenbedingungen: zeitliche Restriktionen, Kosten/Budget, konkrete Planung, Ablauf.

Sofern es sich nicht um eine rein fachliche Qualifikationsmaßnahme wie einen Röntgenkurs oder Ähnliches handelt, findet die Personalentwicklung nicht mehr vorwiegend „off-the-job" in Seminaren, sondern möglichst „near-the-job" statt. Man unterscheidet bei einzelnen Personalentwicklungsmaßnahmen

- Into the job: Hinführung zu einer neuen Tätigkeit im Gesundheitsbetrieb,
- On the job: direkte Maßnahme am Arbeitsplatz im Gesundheitsbetrieb (planmäßiger Arbeitsplatzwechsel, Urlaubs-/ Krankheitsvertretung, Sonderaufgaben),
- Near the job: regelmäßige Abwechslung von externer Schulung und praktischer Umsetzung am Arbeitsplatz im Gesundheitsbetrieb (beispielsweise duales Ausbildungssystem),
- Off the job: externe Weiterbildung (Seminare, Lehrgänge, Tagungen außerhalb des Gesundheitsbetriebs).

Gerade die Förderung wichtiger Schlüsselqualifikationen wie patientenorientiertes Denken und Handeln oder Kommunikationsfähigkeit kann nur gelingen, wenn das Lernen am Grundsatz „Erleben und Erfahren" orientiert ist. Die Fähigkeit von Mitarbeitern, Probleme selbstständig lösen zu können, setzt voraus, dass sie an ihrem Arbeitsplatz mit Situationen konfrontiert werden, die Problemlösungsverhalten erfordern.

> Wenn von einer Ersthelferin in einer Arzt- oder Zahnarztpraxis erwartet wird, ein kleines Team zu führen, dann muss sie auch im Rahmen der Vorbereitung auf diese Führungsaufgabe Gelegenheit haben, ihre Führungsfähigkeiten zu trainieren.

Im Mittelpunkt moderner Personalentwicklung steht somit nicht mehr das Faktenlernen, sondern das Verhaltenslernen. Nicht mehr die Stoffvermittlung durch Unterricht, sondern Hilfestellung und Anwendungsberatung vor Ort sowie die Organisation und Moderation selbstständiger Lernprozesse sind die Aufgaben des Gesundheitsbetriebs. Er muss die Mitarbeiter anregen, sich Kenntnisse und Fähigkeiten selbstständig zu erarbeiten. Der Vorgesetzte im Gesundheitsbetrieb als moderner Ausbilder begreift sich daher selbst eher als Entwicklungspartner seiner Mitarbeiter.

7.2 Personalbeurteilung

Um die Personalentwicklung zielgerichtet und effizient durchführen zu können, ist die Einschätzung der Fähigkeiten und des Leistungsvermögens der Mitarbeiter des Gesundheitsbetriebs erforderlich. Diese Einschätzung wird im Rahmen der **Personalbeurteilung** ermöglicht. Sie dient somit als innerbetriebliches Mittel zur Qualitätssicherung und -verbesserung und befasst sich dazu mit der Wahrnehmung und Bewertung des Mitarbeiters. Für eine zielgerichtete Personalentwicklung ist die Personalbeurteilung regelmäßig beispielsweise in Form eines jährlichen Mitarbeitergesprächs durchzuführen. Daneben kann sie zum Abschluss eines Arbeitsverhältnisses in Form eines Arbeitszeugnisses erfolgen oder auch bei Wechsel von Vorgesetzten bzw. internen Versetzungen.

Wesentliche **Beurteilungskriterien** zur Erfassung aller betrieblich relevanter Persönlichkeitselemente können nach *U. Stopp* (2006) dabei sein:

- Fachkönnen: Fachkenntnisse, Fertigkeiten.

- Geistige Fähigkeiten: Auffassungsgabe, Ausdrucksvermögen, Dispositionsvermögen, Improvisationsvermögen, Kreativität, Organisationsvermögen, Selbstständigkeit, Verhandlungsgeschick.

- Arbeitsstil: Arbeitsqualität, Arbeitsplanung, Arbeitstempo, Aufmerksamkeit, Verhalten gegenüber Patienten, Ausdauer, Belastbarkeit, Einsatzbereitschaft, Genauigkeit, Initiative, Kostenbewusstsein, Materialbehandlung, Ordentlichkeit, Pünktlichkeit.

- Zusammenarbeit: Verhalten gegenüber Kolleginnen, Auftreten, Einweisen neuer Mitarbeiter, Gruppeneinordnung, Informationsintensität, Kontaktvermögen, Umgangsformen, Verhalten gegenüber Vorgesetzten

- Führungsqualitäten: Delegationsvermögen, Durchsetzungsvermögen, Entscheidungsfähigkeit, Förderung und Entwicklung von Unterstellten, Gerechtigkeitssinn, Motivationsfähigkeit, persönliche Integrität, Repräsentation, Selbstbeherrschung, Verantwortungsbewusstsein, Vertrauenswürdigkeit, Zielsetzung.

Das Festlegen von **Beurteilungsstufen** dient dazu, die Beurteilung graduell einzuordnen. Anhand der vorher ausgewählten Kriterien erfolgt an dieser Stelle somit eine Bewertung des Erreichungsgrades des jeweiligen Kriteriums:

- 1. Stufe: Leistung und Befähigung übertreffen beträchtlich die Anforderungen; der Mitarbeiter ist über sein Aufgabengebiet weit hinausgewachsen.

- 2. Stufe: Leistung und Befähigung reichen über die Anforderungen hinaus; der Mitarbeiter überragt sein Aufgabengebiet.

- 3. Stufe: Leistung und Befähigung entsprechen den Anforderungen; der Mitarbeiter beherrscht sein Aufgabengebiet.

- 4. Stufe: Leistung und Befähigung müssen teilweise den Anforderungen noch angepasst werden; der Mitarbeiter beherrscht sein Aufgabengebiet überwiegend.

- 5. Stufe: Leistung und Befähigung entsprechen noch nicht/nicht den Anforderungen; der Mitarbeiter ist seinen Aufgaben nicht gewachsen.

Am Beispiel *Arbeitsqualität* lassen sich exemplarisch somit folgende Beurteilungsaussagen treffen:

- „arbeitet in jeder Hinsicht fehlerfrei" (bedeutet Stufe 1)
- „arbeitet selbstständig, sorgfältig und termingerecht" (bedeutet Stufe 2)
- „arbeitet meist selbstständig, sorgfältig und termingerecht" (bedeutet Stufe 3)
- „arbeitet manchmal flüchtig und dadurch fehlerhaft; ist hin und wieder nicht selbstständig genug; muss gelegentlich an Termine erinnert werden" (bedeutet Stufe 4)

- „arbeitet fehlerhaft; arbeitet unselbstständig; hält Termine nicht ein" (bedeutet Stufe 5)

Bei der Personalbeurteilung besteht die Gefahr, dass bestimmte positive oder negative Ereignisse im Gesundheitsbetrieb sich zu Unrecht auf das Gesamtbild des zu beurteilenden Mitarbeiters auswirken. Folgende, nach *J. Berthel* (2010) häufig vorkommende **Beurteilungsfehler** sind daher zu vermeiden:

- Wahrnehmungsverzerrungen:
    - Halo-Effekt: Ein Beurteilungsmerkmal strahlt auf mehrere andere aus.
    - Recency-Effekt: Beurteiler stellt auf Ereignisse ab, die erst kürzlich stattgefunden haben.
    - Primacy-Effekt: Beurteiler stellt auf Ereignisse ab, die vor langer Zeit stattgefunden haben.
    - Kleber-Effekt: Längere Zeit schlecht beurteilte Mitarbeiter werden unterschätzt.
    - Hierarchie-Effekt: Je höher die Position im Gesundheitsbetrieb, desto besser fällt die Beurteilung aus.
- Maßstabsanwendung:
    - Tendenz zur Mitte: Bevorzugung mittlerer Urteilswerte bei Einstufungsverfahren
    - Tendenz zur Strenge/Milde: zu hohes/zu niedriges Anspruchsniveau
    - Sympathie/Antipathie: Sympathische/unsympathische Mitarbeiter werden besser/schlechter beurteilt
- Bewusste Verfälschung

Die Personalbeurteilung dient zugleich als Standortbestimmung für den Gesundheitsbetrieb und den Mitarbeiter gleichermaßen. Ein regelmäßiges, etwa jährliches **Beurteilungsgespräch** gewinnt daher eine besondere Bedeutung im Hinblick auf die Personalentwicklung und -führung.

Es dient einer Einschätzung und qualifizierten Rückmeldung der Leistungen und wird mit dem Mitarbeiter geführt, um eine konkreten Rückmeldung über die Einschätzung seiner Arbeitsqualität zu geben. Eine weitere

Aufgabe des Beurteilungsgesprächs ist die vorbereitende Entwicklung gemeinsamer Wege zur Zielerreichung und optimalen Aufgabenerfüllung. Ziele eines Beurteilungsgespräches sollten daher sein:

- persönliches Gespräch unter vier Augen,
- Einblick in den Leistungsstand vermitteln,
- Möglichkeit, Anerkennung auszusprechen,
- Fähigkeiten aufzeigen,
- eigene Leistungseinschätzung des Mitarbeiters kennen lernen,
- Vorgesetzten-Mitarbeiter-Verhältnis verbessern,
- Leistungsziele und Maßnahmen zur Leistungsverbesserung festhalten (Personalentwicklungsmaßnahmen),
- positive Grundhaltung zum Gesundheitsbetrieb fördern (siehe **Tabelle 7.1**).

Tabelle 7.1 Beurteilungsgespräch im Gesundheitsbetrieb.

Phase	Bezeichnung	Inhalt
1	Einleitung und Einstimmung	Offene und vertrauensvolle Gesprächsatmosphäre schaffen; bisherige gute Zusammenarbeit betonen; auf gute Arbeitsergebnisse hinweisen; Gesamtbewertung vorab mitteilen.
2	Schwerpunkte und Diskussion	Stärken und Schwächen des Mitarbeiters offen darlegen und begründen; Gelegenheit geben, dazu Stellung zu nehmen.
3	Übereinstimmung	Einigung über Leistungsstand, Leistungsentwicklung im Beurteilungszeitraum und realistische Entwicklungsmöglichkeiten.
4	Folgerungen und Zielsetzungen	Ziele für eventuell notwendige Qualifizierung formulieren und fixieren, konkrete Entwicklungsmaßnahmen vereinbaren.
5	Zusammenfassung	Zentrale Inhalte des Gesprächs kurz zusammenfassen; Gespräch positiv ausklingen lassen.

Die Basis für ein Beurteilungsgespräch sollte eine offene Gesprächskultur sein, die von Vertrauen, Verantwortung und Fairness geprägt ist, da es in erster Linie um die Weiterentwicklung des Mitarbeiters geht und um mögliche Verbesserungen von Arbeitsprozessen und von Arbeitsergebnissen.

Zielvereinbarungsgespräche hingegen dienen der aktiven Beteiligung und Übertragung von Verantwortung an Mitarbeiter. In ihnen geht es um die gemeinsame Festlegung von Arbeitszielen und Ergebnissen zwischen Führungskraft und Mitarbeiter im Gesundheitsbetrieb. Dazu müssen die Ziele eindeutig und konkret formuliert sein, dürfen keine Unter- oder Überforderung für den Mitarbeiter darstellen, müssen dokumentiert und vereinbart und nach Ablauf einer gewissen Zeit in einem Gespräch hinsichtlich ihrer Erreichung überprüft werden.

Potenzialentwicklungsgespräche orientieren sich an der zukünftigen Entwicklung des Gesundheitsbetriebs, an den derzeitigen und zukünftigen Aufgaben des Mitarbeiters, seinen persönlichen Vorstellungen und Erwartungen über die berufliche Weiterentwicklung im Gesundheitsbetrieb, um letztendlich ein möglichst genaues Bildes von seinen genutzten bzw. ungenutzten Qualifikationen und sozialen Kompetenzen zu erhalten und ihn seinen Fähigkeiten entsprechend, mit dem Ziele einer höheren Arbeitszufriedenheit und verbesserter Arbeitsziele einzusetzen.

7.3 Aus- und Weiterbildung von Behandlungs- und Pflegepersonal

Die Vielfalt der Ausbildungsmöglichkeiten im Gesundheitswesen ist im Vergleich zu den meisten anderen Dienstleistungsbereichen besonders groß. Neben den Schulen für das Gesundheitswesen werden Ausbildungen zu den Gesundheitsfachberufen aufgrund des unterschiedlich strukturierten föderalen Schulsystems auch an Berufsfachschulen und Fachschulen durchgeführt.

| Nach Angaben des *Bundesministerium für Bildung und Forschung* (Berufsbildungsbericht 2008) befanden sich von den insgesamt 187.812 Schüler und Schülerinnen im Bereich der Ausbildungen zu den Berufen des

Gesundheitswesens im Schuljahr 2006/2007 121.391 Schülerinnen und Schüler an den 1.848 Schulen des Gesundheitswesens.

Tabelle 7.2 gibt die Verteilung der Schülerzahlen auf die einzelnen Ausbildungsberufe wieder:

Tabelle 7.2 Ausbildungsberufe und Schülerzahlen (Schuljahr 2006/2007) im Gesundheitswesen. Quelle: Bundesministerium für Bildung und Forschung (Berufsbildungsbericht 2008).

Ausbildungsberufe	Anzahl
Ergotherapeut/Ergotherapeutin	14.014
Diätassistent/Diätassistentin	3.360
Entbindungspfleger/Hebamme	1.826
Gesundheits- und Krankenpfleger/ Gesundheits- und Krankenpflegerin	55.014
Gesundheits- und Kinderkrankenpfleger/ Gesundheits- und Kinderkrankenpflegerin	6.467
Krankenpflegehelfer/Krankenpflegehelferin	2.198
Physiotherapeut/Physiotherapeutin	25.474
Masseur und medizinischer Bademeister/ Masseurin und medizinische Bademeisterin	3.500
Logopäde/Logopädin	3.823
Medizinisch-technischer Assistent/ Medizinisch-technische Assistentin	41
Medizinisch-technischer Laboratoriumsassistent/ Medizinisch-technische Laboratoriumsassistentin	4.473
Medizinisch-technischer Radiologieassistent/ Medizinisch-technische Radiologieassistentin	2.772

Ausbildungsberufe	Anzahl
Medizinisch-technischer Assistent für Funktionsdiagnostik/ Medizinisch-technische Assistentin für Funktionsdiagnostik	766
Veterinärmedizinisch-technischer Assistent/ Veterinärmedizinischtechnische Assistentin	234
Pharmazeutisch-techn. Assistent/ Pharmazeutisch-techn. Assistentin	9.469
Orthoptist/Orthoptistin	129
Rettungsassistent/Rettungsassistentin	4.170
Medizinischer Dokumentationsassistent/ Medizinische Dokumentationsassistentin	476
Podologe/Podologin	948
Altenpfleger/Altenpflegerin	42.407
Altenpflegehelfer/Altenpflegehelferin	6251
Gesamt	187.812

Die berufliche **Ausbildung** im Gesundheitsbetrieb erfolgt in der Regel im *dualen System*: Die praktische Ausbildung im Betrieb wird durch einen ausbildungsbegleitenden Schulbesuch ergänzt. Die Ausbildungsinhalte richten sich nach den jeweiligen Verordnungen über die Berufsausbildung, die allerdings nur den betrieblichen Teil der Ausbildung regelt. Der schulische Teil fällt in die Zuständigkeit der einzelnen Bundesländer und richtet sich nach dem jeweiligen Lehrplan für die einzelnen Schularten. Lerninhalte der Ausbildung sind in der betrieblichen Praxis und in den Schulen im Hinblick auf den Zeitpunkt ihrer Vermittlung aufeinander abgestimmt.

> Zu den wichtigsten Ausbildungsinhalten einer *Arzthelferin* nach der *Verordnung über die Berufsausbildung zum/zur Medizinischen Fachangestellten* (früher: *Verordnung über die Berufsausbildung zum Arzthelfer/zur Arzthelferin (Arzthelfer-Ausbildungsverordnung – ArztHAusbV)* zählen: Kenntnisse und Aufgaben, Organisation und Arbeitsfelder im Gesundheitswesen sowie

über die ärztliche Praxis, Kenntnis und Anwendung der Vorschriften und Verhaltensregeln zum Arbeitsschutz in der ärztlichen Praxis sowie der allgemeinen persönlichen Hygiene; Möglichkeiten des Umweltschutzes und rationeller Energieverwendung in der Arztpraxis, Maßnahmen im Bereich der Praxishygiene wie zum Beispiel der Desinfektion und Sterilisation von Instrumenten, Geräten und Apparaten, der Hygiene in der Arztpraxis und beim Verhalten bei übertragbaren Krankheiten, Kenntnisse über Zweck, Funktionsweise, Anwendung und Pflege medizinischer Instrumente, Geräte und Apparate sowie Mitwirkung bei ihrer Anwendung in medizinischer Diagnostik und Therapie, Situationsgerechter Umgang mit Patienten bei Empfang und Betreuung in der ärztlichen Praxis sowie am Telefon, Hilfeleistungen bei Notfällen, die in Anwesenheit oder Abwesenheit des Arztes in der Praxis auftreten einschließlich der Ersten Hilfe, Mitwirken bei diagnostischen und therapeutischen Maßnahmen des Arztes einschließlich Vor- und Nachbereitung, zum Beispiel bei gynäkologischen Untersuchungen, Verbänden, kleinen chirurgischen Eingriffen und Lokalanästhesie, Durchführen von einfachen Laborarbeiten, insbesondere Harn-, Stuhl- und ausgewählten Blutuntersuchungen sowie Dokumentation der Daten, Umgehen mit Arzneimitteln, Impfstoffen sowie mit Heil- und Hilfsmitteln einschließlich Aufbewahrung und gegebenenfalls Bevorratung, Anwenden von medizinischen Fachausdrücken und Grundkenntnissen über die wichtigsten Ursachen und Formen von Krankheiten, Kenntnisse über Aufbau und Funktion des Körpers, des Bewegungsapparates und der Organe und Organsysteme sowie der wichtigsten Erkrankungen einschließlich der dazugehörigen medizinischen Terminologie, Kenntnisse über grundsätzliche Möglichkeiten zur Erhaltung und Wiedererlangung der Gesundheit sowie des Schutzes vor Krankheiten, Organisation der Praxisabläufe mit Hilfe der Textverarbeitung und elektronischen Datenverarbeitung, Durchführung der Abrechnung mit Krankenkassen und sonstigen Kostenträgern sowie Selbstzahlern unter Anwendung der einschlägigen ärztlichen Gebührenordnungen und Bestimmungen, Durchführen von Verwaltungsarbeiten im Bereich der Buchführung, des Zahlungsverkehrs, des Mahnwesens und des Kaufvertragsrechts, Umgehen mit Bestimmungen der Sozialgesetzgebung, das heißt der Renten, Arbeitslosen-, Kranken-, Pflege- und Unfallversicherung sowie der Bestimmungen für besondere Personengruppen.

Die während der Ausbildungszeit zu vermittelnden Fertigkeiten und Kenntnisse sind verbindlich für alle Ausbildungsstätten festgelegt. Es handelt sich dabei um Mindestqualifikationen, die zur Erlangung des Berufsausbildungsabschlusses notwendig sind, und zwar unabhängig davon, um welchen Gesundheitsbetrieb es sich handelt. Es ist Aufgabe des Betriebes, auf der Grundlage des Ausbildungsrahmenplanes einen sachlich und zeitlich gegliederten Ausbildungsplan zu erstellen; darin sind die betrieblichen Besonderheiten festzuhalten. Die Verkürzung der festgelegten Ausbildungsdauer ist in der Regel möglich, wenn zu erwarten ist, dass die/der Auszubildende das Ausbildungsziel in kürzerer Zeit erreicht. Auch ist die Zulassung zur Abschlussprüfung vor Ablauf der Ausbildungszeit möglich. Näheres regeln die jeweiligen Prüfungsordnungen für die Durchführung der Abschlussprüfung.

Für das **Studium** der Humanmedizin bestehen nach Angaben der *Bundesärztekammer (BÄK)* an allen Hochschulen der Bundesrepublik Deutschland Zulassungsbeschränkungen, so dass die Studienplätze zentral durch die *Stiftung für Hochschulzulassung (SfH)*, Dortmund, oder von den Hochschulen in einem eigenen Auswahlverfahren vergeben werden. Mit der Abschaffung der allgemeinen Hochschulreife als obligatorische Prüfungsvoraussetzung für die Studiengänge der akademischen Heilberufe wurde den Ländern das Recht eingeräumt, auch Personen ohne allgemeine Hochschulreife (Abitur) den Zugang zum Studium der Heilberufe zu eröffnen (siehe **Abbildung 7.3**).

Abbildung 7.3 Entwicklung der Studierenden und der Absolventen im Fach Humanmedizin. Quelle: *Bundesärztekammer (Ärztestatistik zum 31.12.2008).*

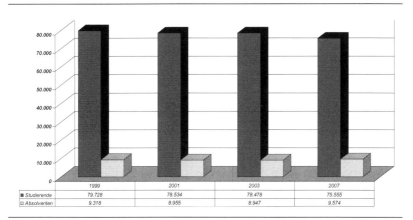

	1999	2001	2003	2007
Studierende	79.728	78.534	78.478	75.555
Absolventen	9.318	8.955	8.947	9.574

Maßgeblich für die ärztliche Ausbildung und den Zugang zum ärztlichen Beruf sind die *Bundesärzteordnung (BÄO)* und die aufgrund dieses Gesetzes erlassene *Approbationsordnung für Ärzte (ÄAppO)*, nach denen die ärztliche Ausbildung Folgendes umfasst:

- Hochschulstudium der Medizin (mindestens sechs Jahren und drei Monaten inklusive der Prüfungszeiten),
- zusammenhängende praktische Ausbildung in Krankenanstalten von achtundvierzig Wochen im letzten Jahr des Studiums,
- Ausbildung in Erster Hilfe,
- Krankenpflegedienst von drei Monaten,
- eine Famulatur von vier Monaten,
- Prüfung nach zwei Jahren (1. Abschnitt der ärztlichen Prüfung),
- Prüfung nach dem Praktischen Jahr (2. Abschnitt der ärztlichen Prüfung).

Die **Approbation** als Arzt wird aufgrund des Zeugnisses über die ärztliche Prüfung auf Antrag bei der zuständigen Stelle des jeweiligen Bundeslandeslandes erteilt. Sie berechtigt zur Ausübung des ärztlichen Berufs.

Im Mittelpunkt der **Weiterbildung** im Gesundheitsbetrieb steht die Verbesserung der persönlichen und fachlichen Qualifikation der Mitarbeiter. Sie schult die Anwendung neuer Behandlungsmethoden, Technologien, den Umgang mit Patienten oder Abrechnungsarbeiten. Sie dient der besseren Qualifikation und sorgt dafür, dass die Mitarbeiter auf dem „Stand der Zeit" bleiben. Investitionen in das Humankapital des Gesundheitsbetriebes gelten als mindestens ebenso wichtig wie Investitionen in Sachanlagen. Die zunehmend komplexer werdenden Aufgabenstellungen erfordern entsprechend qualifizierte Mitarbeiter. Die sich immer schneller ändernden Umweltbedingungen (neue Behandlungsmethoden, neue Materialien, veränderter rechtlicher Rahmen, verschärfte Konkurrenzsituation) lassen ein einmaliges Lernen für Leben und Beruf in Zukunft nicht mehr zu. Weiterbildungsmaßnahmen zeigen den Mitarbeitern auch die Bedeutung, die sie für den Gesundheitsbetrieb haben und erhöhen so ihre Motivation.

Da wesentliche Entwicklungen in Medizin und Pflege oftmals erst mehrere Jahre nach ihrer Einsatzreife umfassend publiziert werden, können sich die Mitarbeiter den aktuellen Wissenstand nicht alleine aus der Fachliteratur aneignen. Aktuelles und zukunftsweisendes Wissen und Können wird vornehmlich durch Kongresse, Lehrgänge, Seminare und Vorträge vermittelt, die beispielsweise die Landesärzte- und -zahnärztekammern anbieten, zahlreiche Fachschulen, private Anbieter sowie die kassenärztlichen und kassenzahnärztlichen Vereinigungen:

- Erhaltungsweiterbildung: Sie zielt dabei auf den Ausgleich von Kenntnis- und Fertigkeitsverlusten ab, welche durch fehlende Berufsausübung oder von Teilen des Berufs entstanden sind. Die Auffrischung der Kenntnisse einer Arzthelferin, welche aufgrund einer Elternzeit mehrere Jahre nicht berufstätig war, ist ein Beispiel hierfür.

- Erweiterungsweiterbildung: Sie dient dem Erwerb von zusätzlichen Berufsfähigkeiten, wie etwa die Erlangung der Röntgenerlaubnis oder die Weiterbildung und Spezialisierung zur *Zahnmedizinischen Verwaltungshelferin (ZMV)*.

- Anpassungsweiterbildung: Sie dient dem Angleich an veränderte Anforderungen am Arbeitsplatz im Gesundheitsbetrieb. Wird ein *Krankenhausinformationssystem (KIS)* eingeführt, so müssen alle betroffenen Mitarbeiter in Anwendung und Bedienung der installierten Programme, der Bildschirme, Tastaturen und Drucker geschult werden.

Die ärztliche Weiterbildung umfasst zum einen die Anerkennung als Facharzt, die sich nach den Kammer- bzw. Heilberufsgesetzen der einzelnen Bundesländer und den Weiterbildungsordnungen der jeweiligen Landesärztekammern richtet, in denen Dauer und Inhalt der Weiterbildung für die einzelnen Fachgebiete vorgeschrieben sind. Nach erfolgreich bestandener Prüfung wird von der zuständigen *Ärztekammer* die Anerkennung ausgesprochen, die zum Führen der Facharztbezeichnung berechtigt.

Zum anderen gibt es die allgemeine ärztliche Weiterbildung. Für diese sind ebenfalls die *Landesärztekammern* zuständig.

Darüber hinaus gibt es von der *Bundesärztekammer* methodische Empfehlungen, Lehr- und Lerninhalte sowie Lernziele für Kurse im Rahmen der Zusatz-Weiterbildung.

> Auszug aus dem Musterkursbuch „Notfallmedizin" der *Bundesärztekammer*: „13. Kardiale Notfälle II (Theorie, 60 Min.); Lernziel: Die Teilnehmer sollen die (Differential-)Diagnostik und Therapie der genannten internistischen kardio-zirkulatorischen Notfälle im Notarztdienst mit den dort gegebenen Möglichkeiten und eine zielgerichtete Versorgung inkl. Transport in geeignete Weiterbehandlung erlernen.
>
> 13.1 Herzrhythmusstörungen: (Differential-)Diagnostik, supraventrikulär/ventrikulär, bradykard/tachykard, schmale/breite Komplexe, Therapie, Frage der präklinischen Notwendigkeit, zirkulatorisch wirksam/nicht wirksam, medikamentöse Therapie, Elektrotherapie, Kardioversion,
>
> 13.2 Komplikationen bei Trägern implantierbarer Systeme: zum Beispiel Herzschrittmacher, Defibrillator,
>
> 13.3 Hypertensive Notsituation: (Differential-)Diagnostik, Therapie,
>
> 13.4 Synkope kardialer Ursache: (Differential-)Diagnostik, Therapie,

| 13.5 Lungenembolie: (Differential-)Diagnostik, Therapie."

Die berufliche **Fortbildung** erstreckt sich beispielsweise nach Angaben der *Landesärztekammer Bayern* insbesondere auf die Themen

- Allgemeinmedizin,
- Allgemeinmedizin Pädiatrie,
- Allgemeinmedizin Psychosomatische Grundversorgung,
- Begutachtung psychisch reaktiver Traumafolgen in aufenthaltsrechtlichen Verfahren bei Erwachsenen (SBPM = Standards zur Begutachtung psychotraumatisierter Menschen),
- Erwerb der Qualifikation Leitender Notarzt,
- medizinische und ethische Aspekte des Schwangerschaftsabbruches,
- Notfallmedizin,
- Qualitätsmanagement,
- Schutzimpfungen,
- suchtmedizinische Grundversorgung,
- transfusionsmedizinisches Seminar,
- verkehrsmedizinische Qualifikation.

Die *telematikgestützte* Ausbildung bietet Nutzungspotenziale für den Gesundheitsbetrieb im Rahmen des informations- und ausbildungsorientierten *eHealth*. Ein Beispiel dazu ist das **eLearning,** der Einsatz von elektronischen, digitalen Medien für die Anwendung von Lernmaterialien in der medizinischen Ausbildung. Medizinstudenten oder Ärzte im Gesundheitsbetrieb können beispielsweise über webbasierte multimediale Lernsysteme das systematisch erworbene Wissen am virtuellen Patienten durchspielen, um die Entscheidungsfähigkeit zu trainieren und eine Differenzialdiagnose zu erstellen. Die Unterstützung von Diagnose- und Therapieentscheidungen kann auch anhand aus einer Datenbank abzurufenden Falldaten und auch in einem simulierten Arztzimmer erfolgen, in dem der Student einen virtuellen Patienten von der Anamnese über die körperliche Untersuchung, die Erhebung einer Verdachtsdiagnose (per *ICD-10*) bis zur

Dokumentation in der Patientenakte und zur endgültigen Diagnose betreut und dabei sämtliche Stationen der ärztlichen Behandlung in Form einer Diagnostik- und Therapieschleife durchläuft.

> Das Projekt *ELWIS-MED* setzt den *eLearning*-Transfer in die *Charité – Berliner Universitätsmedizin* um. Im Mittelpunkt stehen der Aufbau von Strukturen und Rahmenbedingungen für den Einsatz von *eLearning* in Studium, Lehre, Fort- und Weiterbildung. In einer ersten Phase werden *eLearning*-Unterrichtseinheiten unter anderem in den Bereichen Kinderheilkunde, Innere Medizin, Allgemeinmedizin, Pathologie, Dermatologie (Vorklinik) und im Reformstudiengang Medizin entwickelt. Zielgruppe des eLearning-Angebots sind dabei mehr als 8.000 Studierende.

8 Administration der Mitarbeiter von Gesundheitsbetrieben

8.1 Personaldaten und deren Schutz

Die Abwicklung der personalverwaltenden, routinemäßigen Aufgaben innerhalb des Personalmanagements eines Gesundheitsbetriebs wird als **Personaladministration** bezeichnet. Sie stellt eine unerlässliche Tätigkeit dar, weil gesetzliche Bestimmungen und organisatorische Sachzwänge die Wahrnehmung von Personalverwaltungsaufgaben erforderlich machen:

- Kenntnis und Anwendung der Regelungen des allgemeinen Rechts und speziell des Arbeits- und Sozialrechts.

- Erledigung aller Formalitäten und Einzelaufgaben von der Personaleinstellung bis zur Personalfreisetzung, bzw. Pensionierung.

- Klärung persönlicher Sachverhalte zur Entscheidungsvorbereitung beispielsweise von Nebentätigkeiten etc.

- Einrichtung und Führung von Personalakten/Personaldaten mit Bewerbungsunterlagen, Arbeitsvertrag, Zeugnissen, Verwarnungen oder besonderen Vorkommnissen.

- Abwicklung des Entgeltwesens (Lohn- und Gehaltsabrechnung).

- Aufgaben im Rahmen der Personalbetreuung mit Bearbeitung von Arbeits-, Urlaubs- und Fehlzeiten, vermögenswirksamen Leistungen, Gestellung/Reinigung von Berufsbekleidung usw.

- betriebsexterne Meldeaufgaben, wie Lohnsteuermeldungen beim Finanzamt, Entgeltnachweis an die Sozialversicherungen usw.

- betriebsinterne Meldeaufgaben, wie Ablauf der Probezeit, Geburtstage, Jubiläen, Personalstatistik.

■ Überwachungsaufgaben, wie Krankenstand, Überstundenanfall, Urlaubsinanspruchnahme, Arbeitszeiterfassung.

Die Personaladministration in einem Gesundheitsbetrieb verlangt besondere Sorgfalt, denn Fehler in diesem Bereich können schwerwiegende Auswirkungen haben. Insbesondere gilt besonderes Augenmerk der zu führenden **Personalakte** und dem Schutz der darin befindlichen personenbezogenen Daten. Weder die Form noch der exakte Inhalt von Personalakten sind gesetzlich geregelt, zumal sich aufgrund fortschreitender Digitalisierung immer seltener umfangreiche Papierunterlagen darin befinden. Welche Dokumente und Einträge darin aufgenommen werden, bestimmt der Gesundheitsbetrieb daher weitgehend selbstständig (siehe **Tabelle 8.1**).

Tabelle 8.1 Personalaktenführung im Gesundheitsbetrieb.

Objekt	Inhalte
Person	Familienname, Vorname, Geburtstag, Geburtsort, Staatsangehörigkeit, Konfession, Geschlecht, Familienstand, Kinderzahl, Anschrift (Straße, Postleitzahl, Wohnort, Telefonnummer), persönliche Veränderungen (Heirat, Scheidung, Geburt von Kindern).
Schulausbildung	Schulart, Abschluss, Zeitpunkt.
Beruf	Erlernter Beruf, Ausbildungsabschluss, Titel, Berufspraxis.
Weiterbildung	Besuchte Kurse/Seminare, Dauer, Abschluss.
Eintritt in den Gesundheitsbetrieb	Eintrittsdatum, Bewerbungsanschreiben, Schul- und Arbeitszeugnisse, Lebenslauf und Passbild.
Vertragliche Vereinbarungen	Arbeitsvertrag, zusätzliche Vereinbarungen, Einverständniserklärungen, Amtliches Führungszeugnis, Aufenthaltserlaubnis und Arbeitserlaubnis (soweit erforderlich), Erklärung zu Nebenbeschäftigungen.

Objekt	Inhalte
Bezüge und Abgaben	Gehalt, Zulagen, Kreditinstitut, Bankleitzahl, Kontonummer Nachweis zur Anlage vermögenswirksamer Leistungen, Pfändungs- und Überweisungsbeschlüsse, Antrag auf Kindergeld, Antrag auf Orts-, Sozial- oder Familienzuschlag.
Steuern	Steuerklasse, Lohnsteuerschlüssel, Lohnsteuerfreibetrag, Finanzamt, Kirchensteuerschlüssel, Lohn- und Gehaltsbescheinigungen.
Sozialversicherung	Sozialversicherungsausweis/Ausweis zur Versicherungsnummer, Arbeitslosenversicherung, Rentenversicherungsträger, Versicherungsnummer, Pflegeversicherung, Anmeldung zur Krankenkasse, Krankenkassenschlüssel, Entgeltnachweis Sozialversicherungen, Beitragsnachweise für Krankenkassen, Unterlagen zu Zusatzversorgungskassen.
Abwesenheiten	Urlaub, Krankheit, Arbeitsunfähigkeitsbescheinigungen.
Ausländische Mitarbeiter	Aufenthaltserlaubnis und Arbeitserlaubnis (soweit erforderlich).
Kopien amtlicher Urkunden	Wehrdienstbescheinigung, Zivildienstbescheinigung Schwerbehindertenausweis, Kopie der Fahrerlaubnis (Führerschein), Sterbeurkunde des Ehegatten, Heiratsurkunde, Geburtsurkunden für Kinder, Gesundheitsausweis.
Entwicklung	Beurteilungen und Bewertungen, Ermahnungen, Rügen (Missbilligungen) und Abmahnungen, Weiterbildungsnachweise.

Der Gesundheitsbetrieb hat das Persönlichkeitsrecht des Mitarbeiters zu wahren und für den Datenschutz seiner personenbezogenen Daten zu sorgen. Er ist verpflichtet, die Personalakte sorgfältig zu verwahren und ihren Inhalt vertraulich zu behandeln. Die Mitarbeiterdaten sind mit geeigneten Mitteln gegen unbefugte Einsichtnahme zu sichern und nur den unmittelbar mit der Bearbeitung dieser Unterlagen beauftragten Personen ist der Zugang zu ermöglichen. Die Personalakte enthält Unterlagen über wahre Tatsachen. Nachweisbar falsche oder ehrverletzende Fakten sind zu entfernen. Die Entfernung von Abmahnungen nach einer bestimmten Zeitspanne untadeligen Verhaltens richtet sich nach der Situation im Einzelfall, so dass es für die Wohlverhaltensphase keine Regelfrist gibt. Die Mitarbeiter haben das Recht zur uneingeschränkten Einsicht in ihre Akten.

Das *Bundesdatenschutzgesetz (BDSG)* versteht unter *Datenschutz* in Bezug auf die Personaladministration im Gesundheitsbetrieb alle Maßnahmen zum Schutz vor dem Missbrauch personenbezogener Daten. Ziele dabei sind, die Sicherung der Privatsphäre der Mitarbeiter, der Vertraulichkeit ihrer persönlichen Daten sowie das Verhüten des Missbrauchs dieser Daten. Werden personenbezogene Daten im Gesundheitsbetrieb maschinell verarbeitet und in Dateien gespeichert, so sind nach dem *BDSG* verschiedene Kontrollmaßnahmen erforderlich:

- ■ Zugangskontrolle: Unbefugte dürfen keinen Zugang zu Datenverarbeitungsanlagen des Gesundheitsbetriebs haben, auf denen personenbezogene Daten verarbeitet werden.

- ■ Entfernungskontrolle: Eine unbefugte Entfernung von personenbezogenen Daten der Mitarbeiter muss ausgeschlossen sein.

- ■ Veränderungskontrolle: Verhinderung der unbefugten Eingabe, Speicherung und Löschung personenbezogener Daten der Mitarbeiter.

- ■ Benutzerkontrolle: Verhinderung des unbefugten Zugriffs auf Personaldaten und installierte Verarbeitungssysteme.

- ■ Eingabekontrolle: Es muss jederzeit nachvollziehbar sein, wer im Gesundheitsbetrieb welche personenbezogenen Daten wann eingegeben oder verändert hat.

8.2 Personalbetreuung und Gehaltsabrechnung

In allen Phasen des Berufslebens im Gesundheitsbetrieb sind für die Mitarbeiter administrativ-betreuende Aufgaben zu erledigen. Bei der *Einstellung* sind zunächst unterschiedliche Unterlagen auszutauschen. Der Gesundheitsbetrieb benötigt von der neu eingestellten Arbeitskraft Lohnsteuerdaten, Sozialversicherungsangaben, Urlaubsbescheinigung und bei ausländischen Arbeitskräften die Arbeitserlaubnis. Die neue Arbeitskraft erhält im Gegenzug Schlüssel, Zuweisung von Garderobenfächern oder Kleiderspind, Berufskleidung, Namensschilder und anderes mehr. Während der *Zugehörigkeit* zum Gesundheitsbetrieb sind unter Umständen Gehaltsvorschüsse zu gewähren oder Mithilfe bei der Wohnungssuche anzubieten. Zahlreiche Termine, wie Geburtstage, Zugehörigkeitsjubiläen, Probezeitablauf sind zu beachten. Namensänderungen, Anschriftenänderungen oder Veränderungen bei Familienangehörigen müssen bei den Personaldaten berücksichtigt werden. Die Urlaubsinanspruchnahme, Überstundenhäufung und Fehlzeitenentwicklung ist für die einzelnen Mitarbeiter zu überwachen. Bei *Beendigung* des Arbeitsverhältnisses sind Zeugnisse auszustellen und die Personalpapiere auszuhändigen. Der ausscheidende Mitarbeiter muss im Gegenzug alle dem Gesundheitsbetrieb gehörenden und ihm während seines Arbeitsverhältnisses anvertrauten Gegenstände, wie Schlüssel, Berufskleidung usw. zurückgeben, es sei denn, sie werden ihm dauerhaft überlassen.

Bei der **Gehaltsabrechnung** müssen das Gehalt für die Mitarbeiter sowie die Ausbildungsvergütung für die Auszubildenden im Gesundheitsbetrieb ermittelt werden. Hierzu ist zunächst das **Bruttogehalt** zu errechnen. Es setzt sich aus dem arbeitsvertraglich festgelegten Gehalt, das sich in der Regel an den jeweils gültigen Tarifverträgen orientiert, und ebenfalls vertraglich festgelegten oder frei gewährten Zulagen und Zuschlägen zusammen. Die Mitarbeiter sind, mit Ausnahme der kurzfristig Beschäftigten, sozialversicherungspflichtig. Mini-Jobber sind pauschal sozialversicherungspflichtig und ausländische Arbeitnehmer unterliegen grundsätzlich der Sozialversicherungspflicht, sofern sie nach deutschem Recht in einem Beschäftigungsverhältnis stehen. Die Beiträge zu den Sozialversicherungen werden von Arbeitgeber und Arbeitnehmer überwiegend zur Hälfte getragen. Nur die Beiträge zur gesetzlichen Unfallversicherung entrichtet ausschließlich der Gesundheitsbetrieb. Er ist für die Abwicklung der Beitragszahlungen verantwortlich und muss die Versicherungsbeiträge bereits vor der Gehaltsauszahlung abziehen und dann seinen Anteil mit dem Arbeitnehmeranteil zusammen an die Versicherungsträger zahlen.

Zur Ermittlung des **Nettogehalts** sind vom errechneten Bruttogehalt somit folgende Abzüge vorzunehmen:

- Lohnsteuer,
- Kirchensteuer,
- Rentenversicherungsbeitrag,
- Krankenversicherungsbeitrag,
- Arbeitslosenversicherungsbeitrag und
- Pflegeversicherungsbeitrag.

Hierzu sind die jeweilige Steuerklasse, Familienstand, Steuerfreibeträge, Konfession und das zuständige Finanzamt wichtig. Zu den notwendigen Sozialversicherungsdaten zählen die Angabe des Rentenversicherungsträgers, der Versicherungsnummer sowie der Krankenkasse. Die zu zahlende Lohnsteuer kann mit Hilfe von Lohnsteuertabellen oder mit entsprechenden EDV-Programmen berechnet werden.

Anschließend müssen die *Zahlungsbeträge* ermittelt werden. Dazu sind noch der Mitarbeiteranteil an vermögenswirksamen Leistungen sowie eventuelle Vorschusszahlungen oder auch Lohnpfändungen abzuziehen. Das Ergebnis ist der auszuzahlende Betrag. Für jeden Mitarbeiter muss eine Gehaltsabrechnung erstellt werden. In ihr sind alle Abrechnungsdaten des Brutto-, Nettogehalts sowie der Zahlungsbeträge auszuweisen. Zur Zahlung ist es ferner notwendig, die entsprechenden Überweisungen auszustellen. Für den Gesundheitsbetrieb und die Lohnsteuerprüfung ist ein Lohn- bzw. Gehaltsnachweis zu erstellen. In ihm sind das Bruttogehalt, Lohn- und Kirchensteuerdaten, Sozialversicherungsdaten, Abzüge und Zulagen, Nettogehalt sowie der Zahlungsbetrag festzuhalten. Dieser Nachweis kann auch zum Jahresende erstellt werden.

Für die Einbehaltung der Lohn- und Kirchensteuer zur Abführung an das *Finanzamt* ist ebenfalls der Gesundheitsbetrieb zuständig. Er behält sie bei jeder Gehaltszahlung vom Arbeitslohn ein. Bemessungsgrundlage für die einzubehaltende Lohnsteuer sind der Arbeitslohn und gegebenenfalls zu berücksichtigende Freibeträge. Die Höhe der Steuer ist gemäß *Einkommenssteuergesetz (EStG)* den Lohnsteuertabellen zu entnehmen. Die Mitarbeiter sind grundsätzlich Schuldner der Lohnsteuer. Der Gesundheitsbetrieb haftet aber für die richtige Einbehaltung und Abführung.

In einer *Erhebung der Abwicklungsmodalitäten der Lohn und Gehaltsabrechnung in sozialen Einrichtungen* durch den *Lehrstuhl für Industriebetriebslehre der Friedrich-Alexander-Universität Erlangen-Nürnberg* hatten 42 Prozent der Einrichtungen (Alten-/Pflegeheime, Rettungsdienste, Krankenhäuser, ambulanter Pflegedienste u. a.) die Lohn- und Gehaltsabrechnung an Steuerberater, Partnerorganisationen, kommunale oder kirchliche Rechenzentren oder sonstige Rechenzentren ausgelagert. Bei der Durchführung der Lohn und Gehaltsabrechnung in Eigenverantwortung kamen insgesamt mehr als 15 verschiedene Kontenrahmen (individuelle Kontenrahmen, KHBV, PflegeBuchV, Datev, AWO, ASB, BRK, DRK, Diakonie etc.) zum Einsatz.

8.3 Personalcontrolling

Das **Personalcontrolling** im Gesundheitsbetrieb ist eine spezielle Form des allgemeinen Controllings zur Analyse der gegebenen Informationen von und über die Mitarbeiter, zur Vorbereitung und Kontrolle von personalrelevanten Entscheidungen auf der Grundlage dieser Informationen sowie zur Steuerung und Koordination der Informationsflüsse im Personalbereich. Es beschäftigt sich hauptsächlich mit

- Kennzahlen des Personalbereichs,
- Chancen und Risiken, die von dem Personal ausgehen, damit Maßnahmen getroffen werden können,
- Soll-Ist-Vergleichen im Personalbereich,
- rechtzeitige Feststellung von Entwicklungstendenzen,

- Entwicklung, Planung, Durchführung, Kontrolle von Personalstrategien.

Das Personalcontrolling muss sich an dem Zielsystem des Gesundheitsbetriebs orientieren. Die Ziele müssen daher operationalisiert und hinsichtlich Zeit (wann?), Erreichungsgrad (wie viel?) und Inhalt (was?) möglichst eindeutig definiert sein. Wann in welchem Umfang was erreicht werden soll, lässt sich bei *quantitativen* Personalzielen recht einfach beschreiben. *Qualitative* Zielkriterien müssen hingegen erst in quantifizierbare Größen umgewandelt werden, um sie erfassen und überwachen zu können. Anhand der Ziele ist es Aufgabe des Personalcontrolling festzustellen, ob und wie die Ziele im Zeitablauf erreicht wurden, wie groß mögliche Abweichungen zwischen Soll- und Ist-Zielwerten sind und welche Ursachen es dafür gibt. Anschließend sind Gegensteuerungsmaßnahmen zu ergreifen, aber auch gegebenenfalls Zielkorrekturen, falls einzelne Personalziele nicht realisierbar erscheinen.

Eine wesentliche Grundlage des Personalcontrollings bilden **Personalkennzahlen**. Es handelt sich dabei um vordefinierte Zahlenrelationen, die regelmäßig ermittelt werden und aus denen sich Aussagen zu personalwirtschaftlichen Sachverhalten des Gesundheitsbetriebs komprimiert und prägnant ableiten lassen. Sie dienen dazu, aus der Fülle personeller Informationen wesentliche Auswertungen herauszufiltern, die betriebliche Situation zutreffend widerzuspiegeln und einen schnellen und komprimierten Überblick über die Personalstrukturen des Gesundheitsbetriebes zu vermitteln. Daneben werden Personalkennzahlen auch dazu verwendet, um bewusst auf eine detaillierte Informationserfassung zu verzichten und nur einen kleinen Ausschnitt des insgesamt im Gesundheitsbetrieb Erfassbaren tatsächlich auch abzubilden (siehe **Tabelle 8.2**).

Tabelle 8.2　Personalkennzahlen im Gesundheitsbetrieb.

Kennzahl	Beschreibung	Berechnungsbeispiel
Mitarbeiteranzahl	Anzahl der Mitarbeiter anhand bestimmter Kriterien: bspw. Gesamtzahl, VZK, Teilzeitbeschäftigte, Beurlaubte, durchschnittliche Mitarbeiteranzahl einzelner Abteilungen des Gesundheitsbetriebs (Stationen, Kliniken, Pflegebereiche); wird häufig erstellt, da Bestandteil des Jahresabschlusses nach HGB.	Summe aller Mitarbeiter, VZK, Teilzeitbeschäftigte etc.
Krankenquote	Anteil krankheitsbedingter Ausfälle an der Gesamtmitarbeiterzahl des Gesundheitsbetriebs.	(Anzahl aller Kranken ÷ Summe aller Mitarbeiter) x 100
Fehlzeitenquote	Fehlstunden im Verhältnis zur Sollarbeitszeit	(Fehlzeiten ÷ Soll-Arbeitszeit) x 100
Abwesenheitsstruktur	Gibt den relativen Anteil Abwesender an allen nach dem Abwesenheitsgrund an.	(Abwesende nach Ursachen ÷ Summe aller Mitarbeiter) x 100
Fluktuationsquote	Verhältniszahl, die sich aus der Anzahl der Kündigungen und der durchschnittlichen Mitarbeiteranzahl zusammensetzt und als Indikator für die Mitarbeiterzufriedenheit dienen	(Anzahl der Personalaustritte ÷ durchschnittl. Zahl der Mitarbeiter) x 100

Kennzahl	Beschreibung	Berechnungsbeispiel
	kann (Kündigungen in bestimmten Betriebsbereichen, Anzahl der Kündigungen, altersbezogene Kündigungsanzahl, Kündigungen nach Geschlecht).	
Beschäftigungsstruktur	Verhältniszahl, welche für Strukturanalysen im Personalbereich gebildet wird (Altersstruktur, Geschlecht, Qualifikationen etc.).	(z.B. Anzahl aller Mitarbeiterinnen ÷ Summe aller Mitarbeiter) x 100
Beschäftigungsgrad	Verhältnis von Plan- zur Ist- Beschäftigung.	(Ist-Beschäftigung ÷ Plan-Beschäftigung) x 100
Mitarbeiterumsatz	Verhältniszahl, welche die betriebliche Leistung je Mitarbeiter darstellt und als Indikator für die Mitarbeiterproduktivität im Gesundheitsbetrieb verwendet werden kann (Personalaufwand, Verwaltungsaufwand je Mitarbeiter).	(Umsatzerlöse ÷ durchschnittl. Zahl der Mitarbeiter) x 100
Mehrarbeitsquote	Liefert einen Wert, welche die Überstunden der Mitarbeiter darstellt, um die Mehrarbeit von zusätzlichen Patienten oder zusätzlichen Personalbedarf darstellen.	(Überstunden ÷ Summe Soll-Arbeitsstunden) x 100

Kennzahl	Beschreibung	Berechnungsbeispiel
Weiterbildungs-kosten	Hinweis über die Intensität der Fort- und Weiterbildung der Mitarbeiter; zeigt, wie sehr sich der Gesundheitsbetrieb dafür einsetzt.	(Weiterbildungskosten ÷ Summe aller Mitarbeiter) x 100
Gehaltsentwicklung	Durchschnittliche Gehälter je Mitarbeiter zur Darstellung der Entwicklung von Gehältern und als wichtige Kennzahl für die Planung.	(Gehaltssumme ÷ Summe aller Mitarbeiter) x 100
Krankheitsleistungen	Zeigt an, wie viel für einen Mitarbeiter aufgebracht werden muss, wenn dieser krankheitsbedingt ausfällt (bspw. Krankheitsleistungen ins Verhältnis zu den erkrankten Mitarbeitern oder zu den Krankheitstagen).	(Krankheitsaufwand ÷ Summe aller erkrankten Mitarbeiter) x 100
Unfallquote	Verhältnis von Anzahl der Unfälle im Gesundheitsbetrieb zu Anzahl der Mitarbeiter.	(Unfälle ÷ Summe aller Mitarbeiter) x 100

Durch den **Vergleich** der regelmäßig ermittelten Personalkennzahlen mit Bezugsgrößen, lassen sich Tendenzen erkennen, die gegebenenfalls ein Gegensteuern erforderlich machen. Einzelne Bezugswerte können dabei sein:

- Vergangenheitswerte aus vorhergehenden Perioden,
- Anteilswerte zur Gesamtbelegschaft des Gesundheitsbetriebs,
- Personalkennzahlen anderer Gesundheitsbetriebe,

- Durchschnittswerte nach Angaben von Berufsverbänden oder Standesorganisationen,
- Sollvorgaben des Gesundheitsbetriebs.

Im Rahmen eines *Zeitvergleichs* lassen sich etwa zweckmäßigerweise Personalkennzahlen eines Quartals mit denen eines anderen Quartals vergleichen. Je höher dabei die Zahl der Vergleichsdaten ist, desto eher lässt sich ein Trend erkennen. Dies bewahrt zugleich den Gesundheitsbetrieb vor übertriebenem Aktionismus. Mit zunehmender Vergleichshäufigkeit und je kürzer die Abstände der Vergleichszeiträume sind, desto genauer lässt sich der Zeitvergleich als Kontrollinstrument einsetzen. Für einen *Betriebsvergleich* werden beispielsweise Personaldaten in regelmäßigen Abständen in den Berichten des *Statistischen Bundesamtes* zum Gesundheitswesen, von Verbänden und Standesorganisationen oder von Institutionen wie der *KBV* veröffentlicht. Für das *Benchmarking* muss zunächst definiert werden, was damit erreicht und welche Bereiche des Betriebes berücksichtigt werden sollen. Es ist wichtig, dass die herangezogenen Betriebe oder relevante Organisationseinheiten aus anderen Branchen mit dem eigenen Betrieb vergleichbar sind. Ferner müssen die zu vergleichenden Personaldaten (= Benchmarks) in ausreichendem Maße zur Verfügung stehen und sollten direkt bei dem Vergleichspartner erhoben werden. Anschließend lassen sich die Abweichungen der verglichenen Personaldaten feststellen. Dabei sind Messfehler auszuschließen und anhand der Ergebnisse die Vergleichbarkeit der Personaldaten abschließend zu überprüfen (Feststellung von Plausibilität und Validität der Personaldaten). Zum Schluss erfolgt die Einschätzung, ob sich die Leistungsfähigkeit in den Bereichen mit deutlichen Abweichungen verbessern lässt. Ein *Soll-/Ist-Vergleich* kann problematisch sein, wenn alte oder unterschiedlich zustande gekommene Soll- und Ist-Personalwerte miteinander verglichen werden, da die Aussagefähigkeit des Vergleichs verloren geht. Bei im Rahmen der *Differenzanalyse* auftretenden Abweichungen liegen die Ursachen nicht immer etwa in tatsächlichen Personalkostensteigerungen oder Veränderungen in der Personalstruktur. Mitunter liegen auch Berechnungsfehler, Ermittlungsfehler, Falschbuchungen oder die fehlerhafte Weitergabe von Personaldaten vor. Toleranzbereiche für die Sollwerte können als relative Bandbreiten definiert werden (beispielsweise +/- 5 Prozent) oder als maximaler bzw. minimaler absoluter Wert.

9 Personalfluktuation

9.1 Fluktuationsursachen

Mit **Personalfluktuation** wird der Austausch des Personals von Gesundheitsbetrieben bezeichnet und damit die Eintritts- bzw. Austrittsrate von Mitarbeitern, die den Personalbestand, über einen bestimmten Zeitraum gemessen, verändert.

Die Möglichkeit, den Arbeitsplatz zu wechseln sowie Beruf, Arbeitsplatz und Ausbildungsstätte frei wählen zu können ist als eines der Grundrechte aller Deutschen nach Art. 12 *Grundgesetz (GG)* geschützt. Die Arbeitsmobilität ist einzel- und gesamtwirtschaftlich gesehen ein durchaus förderungswürdiges Verhalten. Auf diese Weise können sich Gesundheitsbetriebe schnell und problemlos an sich wandelnde Anforderungen und Veränderungen anpassen. Die Arbeitnehmerinnen und Arbeitnehmer sind ihrerseits in der Lage, einen Arbeitsplatz zu suchen, der ihren Vorstellungen und Fähigkeiten entspricht.

Aus der Sicht des personalaufnehmenden Gesundheitsbetriebs ist ein Personalwechsel durchaus positiv zu beurteilen, da es zu einer Mischung zwischen von außen kommenden Mitarbeitern und aus den eigenen Reihen herangebildeten Kollegen kommt, was vielfach zu neuen Ideen und Ansichten in eingefahrenen Betriebsabläufen führt. Der personalabgebende Gesundheitsbetrieb kann dem Personalverlust dann keine positiven Aspekte abgewinnen, wenn die abgewanderten Mitarbeiter ersetzt werden müssen, was immer mit erheblichen Kosten und einem Abfluss von Erfahrung verbunden ist. Unter diesem Gesichtspunkt wünscht sich der Gesundheitsbetrieb immer eine möglichst geringe Personalfluktuation.

Gezielte Maßnahmen zum Abbau der Fluktuation in einem Gesundheitsbetrieb setzen voraus, dass die Ursachen und Motive bekannt sind. **Fluktuationsursachen** können sein:

- Ursachen außerhalb des Gesundheitsbetriebs:
    - Anziehungskraft des Betriebsstandortes (Großstadt, Gemeinde, Region, Freizeitwert, Lebenshaltungskosten usw.),

- bessere Infrastruktur eines anderen Standortes (Verkehrsanbindung, Wohnverhältnisse, Schulangebot),
- Anziehungskraft verwandter Berufe (Verkaufsberaterin für Lieferanten von Praxisbedarf, Sachbearbeiterin für Abrechnung bei Krankenkassen/Abrechnungsgesellschaften, Trainerin für die Einführung von Krankenhausinformationssystemen oder Heim-Software etc.).

■ Persönliche Ursachen:

- Wechsel des Berufes,
- Rückkehr in den ehemaligen Beruf,
- dauerhafte Krankheit,
- ungünstige Verkehrsanbindung,
- Wohnungswechsel,
- Veränderung der Familienverhältnisse (Heirat, Geburt, Trennung).

■ Ursachen innerhalb des Gesundheitsbetriebs:

- unbefriedigende Arbeit (Über-/Unterforderung, schlechte Arbeitsbedingungen),
- Arbeitszeit (häufige Überstunden, Schichtarbeit),
- Urlaub (zu geringe Dauer, fehlende zeitl. Flexibilität),
- Gehalt (zu gering, unpünktliche Zahlung, falsche Berechnung, keine Entwicklungsmöglichkeiten, fehlende Leistungsanreize),
- unbefriedigende Zusammenarbeit (mit Verwaltungsleitung, Vorgesetzten, Ärzten, Kolleginnen),
- berufliche Entwicklung (keine Aufstiegsmöglichkeiten, mangelnde Weiterbildungsmöglichkeiten),
- Führung (Unklare Kompetenzverteilung, ungerechte Aufgabenverteilung, mangelhafte Information).

A. Joost vom Institut für Wirtschaft, Arbeit und Kultur IWAK an der Goethe-Universität, Frankfurt am Main, stellte in einer *Machbarkeitsstudie zum Berufsverbleib von Altenpflegerinnen und Altenpflegern,* die im Auftrag des *Bundesministeriums für Familie, Senioren, Frauen und Jugend* erstellt wurde, folgende Formen der Personalfluktuation fest:

■ innerhalb einer Einrichtung horizontal von einer Abteilungen zur nächsten oder vertikal durch Positionswechsel, Beförderung etc.,

- zwischen Einrichtungen eines Trägers,
- innerhalb des Altenpflegebereichs in eine andere Einrichtung,
- zwischen ambulanten und stationären Einrichtungen,
- aus dem Altenpflegebereich in einen anderen Beruf,
- durch Weiterqualifizierung, Weiterbildung (beispielsweise Studium),
- durch Unterbrechung der Erwerbstätigkeit (Familienzeit, Bundeswehr, Arbeitslosigkeit etc.),
- Rückkehr/Wiedereinstieg nach einer Erwerbspause,
- Rückkehr/Wiedereinstieg aus einem anderen Beruf zurück in die Altenpflege,
- vorzeitige Beendigung der Erwerbstätigkeit.

Die Ursachen sind unter anderem darin zu suchen, dass Pflegekräfte in der Altenpflege deutlich höhere krankheitsbedingte Fehlzeiten und einen schlechteren Gesundheitszustand haben als die berufstätige Durchschnittsbevölkerung:

- der psychologische Gesundheitszustand ist schlechter,
- psychosomatische Beschwerden kommen häufiger vor,
- der körperliche Zustand ist schlechter.

Bei Altenpfleger/innen sind Rücken-, Nacken- und Schulterschmerzen die häufigsten Beschwerden und treten weit überdurchschnittlich häufig auf. Physische Belastungen sind vor allem die körperlichen Belastungen durch das Heben, Tragen und Lagern der Bewohner/innen, psychische Belastungen die häufigen Arbeitsunterbrechungen durch Telefonanfragen, Kolleg/innen und Bewohner/innen. „Weitere wichtige Faktoren sind ständiger Zeitdruck und zu geringe Personalausstattung. Es lässt sich also sagen, dass die Ursachen des schlechten Gesundheitszustandes berufsbedingt sind."

Bei der Bekämpfung der Ursachen für eine hohe Fluktuationsquote im Gesundheitsbetrieb sind Maßnahmen aus nahezu der gesamten Palette des Personalmanagements erforderlich. So sollten nicht immer die Bewerber mit den besten Zeugnissen eingestellt werden, sondern die für die jeweilige Tätigkeit am besten geeigneten, um Unter- bzw. Überqualifizierung und damit einhergehende Arbeitsunzufriedenheit möglichst zu vermeiden. Auf die Einführung neuer Mitarbeiter sollte besondere Sorgfalt gelegt werden, da ansonsten bereits schon in der Probezeit Gründe für einen frühen Wiederaustritt geschaffen werden können. In die gleiche Richtung wirken das fachliche Anlernen und die Einarbeitung neuer Mitarbeiter. Außerdem sind ständig das Lohn- und Gehaltsgefüge des Gesundheitsbetriebs zu überwachen, außerdem die Arbeitsanforderungen sowie Aufstiegs- und Weiterbildungsmöglichkeiten. Die Optimierung von Arbeitsbedingungen und -zeiten ist in diesem Zusammenhang ebenso wichtig, wie das Vertrauen in eigenverantwortliches und selbstständiges Handeln der Mitarbeiter.

9.2 Beendigung des Arbeitsverhältnisses

Die Beendigung eines Arbeitsverhältnisses im Gesundheitsbetrieb kann unterschiedliche Ursachen haben:

- Kündigung,

- Zeitablauf,

- Auflösung in gegenseitigem Einvernehmen.

Die für das Personalmanagement im Gesundheitsbetrieb bedeutsamste Form der Beendigung eines Arbeitsverhältnisses, die zum Personalaustritt bzw. zur Personalfreistellung führt, ist die **Kündigung**. Sie stellt eine einseitige, empfangsbedürftige Willenserklärung dar, durch die das Arbeitsverhältnis im Gesundheitsbetrieb von einem bestimmten Zeitpunkt an aufgehoben wird. Sie kann vom Gesundheitsbetrieb als Arbeitgeber oder von Mitarbeitern als Arbeitnehmer ausgesprochen werden. Sie muss dem jeweils anderen zugegangen sein, damit sie rechtswirksam ist. Grundsätzlich sind auch mündliche Kündigungen gültig. Durch besondere Vereinbarungen im Arbeitsvertrag, in einer Betriebsvereinbarung für den Gesundheitsbetrieb oder in dem jeweils gültigen Tarifvertrag kann jedoch die Schriftform vorgeschrieben sein.

Einzelnen Mitarbeitern des Gesundheitsbetriebs kann nicht aus einem geringfügigen Grund gekündigt werden. Das verbietet der Grundsatz der

Verhältnismäßigkeit des Arbeitsrechts. Da eine Kündigung immer das letzte Mittel darstellen soll, mit der der Gesundheitsbetrieb auf eine Verletzung arbeitsvertraglicher Pflichten reagiert, muss dem Mitarbeiter vorher unmissverständlich klargemacht werden, welche Versäumnisse oder welches Fehlverhalten er begangen hat und was zukünftig von ihm erwartet wird. Dies geschieht üblicherweise mit einer **Abmahnung**, die eine Rüge des Gesundheitsbetriebs darstellt, mit der er in einer für den Mitarbeiter deutlich erkennbaren Weise dessen Fehlverhalten beanstandet und gleichzeitig ihm androht, im Wiederholungsfall die Fortsetzung des Arbeitsverhältnisses aufzuheben. Sie gilt als unverzichtbare Voraussetzung bei verhaltensbedingten Kündigungen, beispielsweise aufgrund von unentschuldigtem Fernbleiben oder der Beleidigung von Patienten oder Kollegen.

Die Abmahnung ist einsetzbar, wenn zum Beispiel folgende Gründe vorliegen:

- häufige Arbeitsfehler,
- Störung des Betriebsfriedens im Gesundheitsbetrieb,
- Unfreundlichkeit gegenüber Patienten,
- häufige Unpünktlichkeit,
- Alkoholgenuss während der Arbeitszeit (trotz Verbot),
- extrem langsames Arbeiten,
- unzureichende Leistungen.

Auf eine Abmahnung als Vorbereitung einer Kündigung kann unter Umständen verzichtet werden, wenn Folgendes vorliegt:

- bereits mehrfach wiederholte Abmahnung,
- schwerer Vertrauensbruch durch Betrug, Diebstahl etc.,
- deutliche Verhaltensmissbilligung: Bestechungsgeldannahme, unerlaubte Nebentätigkeiten, Arbeiten für Konkurrenten etc.,
- schwerwiegende betriebliche Störungen durch ungenehmigten Urlaub, Beeinflussung von Kontrolleinrichtungen etc.

Die Abmahnung sollte schriftlich und präzise formuliert erfolgen und als Kopie zusammen mit einem Empfangsvermerk in die Personalakte Eingang finden. Eine mündliche Abmahnung ist ebenfalls zulässig, die allerdings aus Beweisgründen in Anwesenheit von Zeugen ausgesprochen werden sollte. In jedem Fall besteht sie zweckmäßigerweise aus folgenden Inhalten:

- ■ Hinweis: Nennung des konkreten Fehlverhaltens unter Angabe von Ort, Datum und Uhrzeit.
- ■ Beanstandung: Erläuterung der Vertragswidrigkeit des Verhaltens und die Aufforderung, dieses nicht zu wiederholen.
- ■ Warnung: Ankündigung, dass im Wiederholungsfalle mit einer Kündigung zu rechnen ist.

Grundsätzlich darf jeder Weisungsbefugte des Gesundheitsbetriebs eine Abmahnung aussprechen, was unverzüglich nach dem Fehlverhalten erfolgen sollte. Vor einer Kündigung muss dem Abgemahnten ausreichend Zeit zur Bewährung gegeben werden. Auch sollte ihm im Rahmen einer Anhörung vor einer Abmahnung die Gelegenheit zur Stellungnahme gegeben werden.

Der Gesundheitsbetrieb hat bei Beendigung von Arbeitsverhältnissen die Pflicht, den betroffenen Mitarbeiter darauf hinzuweisen, dass er sich aktiv an der Suche nach einem neuen Arbeitsplatz beteiligen und sich sofort arbeitssuchend melden muss, ansonsten droht ihm eine Sperre des Arbeitslosengeldes. Dazu ist er freizustellen und ihm ist die Möglichkeit zu geben, an Qualifizierungsmaßnahmen teilzunehmen. Um Schadensersatzforderungen zu vermeiden, ist es sinnvoll, sich quittieren zu lassen, dass der Arbeitnehmer auf seine Pflichten hingewiesen wurde.

9.3 Kündigungsarten und -ablauf

Für den Gesundheitsbetrieb sind folgende **Kündigungsarten** bedeutsam:

- ■ ordentliche Kündigung
- ■ außerordentliche Kündigung

■ Änderungskündigung

Mit einer *ordentlichen* Kündigung werden in der Regel auf unbestimmte Zeit abgeschlossene Arbeitsverträge unter Einhaltung von **Kündigungsbedingungen** gelöst. Wichtigste Kündigungsbedingungen sind hierbei die Einhaltung der Kündigungsfristen und der Bestimmungen des Kündigungsschutzes. Befristete Verträge können nicht ordentlich gekündigt werden, es sei denn, dies wurde ausdrücklich vertraglich vereinbart.

Eine verhaltensbedingte, ordentliche Kündigung kann in der Regel nur nach einer vorhergehenden **Abmahnung** erfolgen, wobei dem Mitarbeiter zwischen zwei Abmahnungen oder einer Abmahnung und der Kündigung ausreichend Zeit und Gelegenheit eingeräumt werden muss, das Fehlverhalten zu korrigieren. Auch ist der Betriebsrat vor jeder Kündigung anzuhören. Wird die Kündigung ohne **Anhörung** ausgesprochen, ist sie rechtsunwirksam. Der Gesundheitsbetrieb hat den Betriebsrat über die Person des zu Kündigenden, über die Art der Kündigung sowie die Kündigungsgründe umfassend zu informieren. Der Betriebsrat kann einer ordentlichen Kündigung widersprechen, wenn der Gesundheitsbetrieb beispielsweise bei der Auswahl der zu kündigenden Mitarbeiter soziale Gesichtspunkte nicht berücksichtigt hat, sie an einem anderen Arbeitsplatz im Gesundheitsbetrieb nicht weiterbeschäftigt werden können oder eine Weiterbeschäftigung nach zumutbaren Weiterbildungsmaßnahmen bzw. unter geänderten Vertragsbedingungen mit Einverständnis der betroffenen Mitarbeiter nicht möglich ist. Die ordentliche Kündigung kann trotz Widerspruch ausgesprochen werden, allerdings besteht dann eine Weiterbeschäftigungsverpflichtung, bis der zu erwartende Rechtsstreit vor dem Arbeitsgericht zu einem rechtskräftigen Abschluss gekommen ist. Dies setzt allerdings einen frist- und ordnungsgemäßen Widerspruch sowie eine Klage der betroffenen Mitarbeiter voraus. Das Arbeitsgericht kann den Gesundheitsbetrieb von der Weiterbeschäftigungspflicht entbinden, wenn die Klage der betroffenen Mitarbeiter keine Aussicht auf Erfolg bietet, die Weiterbeschäftigung zu einer unzumutbaren wirtschaftlichen Belastung für den Gesundheitsbetrieb führt oder der Widerspruch offensichtlich unbegründet ist.

Die *außerordentliche* Kündigung ist eine fristlose Kündigung. Sie beendet das Arbeitsverhältnis vorzeitig und ohne Beachtung der sonst geltenden

Kündigungsfristen. Dafür muss ein wichtiger Grund vorliegen. Das ist jeder Anlass, der dem Gesundheitsbetrieb die Fortsetzung des Arbeitsverhältnisses bis zum nächsten ordentlichen Kündigungstermin unzumutbar macht. Die Kündigung muss unverzüglich nach Kenntnis dieses Grundes in schriftlicher Form und unter dessen Angabe ausgesprochen werden, ansonsten ist eine außerordentliche Kündigung ausgeschlossen. Der Betriebsrat ist auch vor einer außerordentlichen Kündigung zu hören. Äußert er sich nicht, so gilt seine Zustimmung als erteilt. Ein Widerspruch kann bei einer außerordentlichen Kündigung nicht eingelegt werden. Der Gesundheitsbetrieb kann auch bei einer außerordentlichen Kündigung eine gewisse Frist einräumen. Darauf ist allerdings besonders hinzuweisen, um den Eindruck zu vermeiden, es handle sich um eine ordentliche Kündigung.

> Wichtige Gründe für außerordentliche Kündigungen können beispielsweise sein:
> - Preisgabe von Arzt- oder Patientendaten und -geheimnissen,
> - Diebstahl im Gesundheitsbetrieb,
> - grobe Fahrlässigkeiten beim Umgang mit Behandlungseinrichtungen und -instrumenten,
> - unerlaubtes Verlassen des Arbeitsplatzes,
> - Tätlichkeiten,
> - grobe Beleidigungen,
> - Verleitung anderer Mitarbeiter zu schlechten Arbeitsleistungen oder Vergehen
> - Unehrlichkeit und Untreue im Arbeitsverhältnis,
> - beharrliche Arbeitsverweigerung.
>
> Von Arbeitsgerichten in der Regel *nicht* anerkannte Gründe für eine außerordentliche Kündigung sind:
> - schlechte Arbeitsleistung,
> - Streitigkeiten im Gesundheitsbetrieb,

- Absinken der Leistungsfähigkeit,
- mangelnde Kenntnisse und fehlende Fertigkeiten.

Sie können allerdings Gründe für eine ordentliche Kündigung darstellen.

Eine *Änderungskündigung* zielt nicht auf die Beendigung eines Arbeitsverhältnisses ab, sondern auf dessen Fortsetzung unter anderen arbeitsvertraglichen Bedingungen. Anders als bei der Kündigung kommt es bei einem Aufhebungsvertrag darauf an, ob die andere Vertragspartei mit der Beendigung des Arbeitsverhältnisses einverstanden ist. Werden die neuen Bedingungen vom Gesundheitsbetrieb oder vom Mitarbeiter nicht akzeptiert, so muss der Weg der ordentlichen Kündigung beschritten werden. Gegen die Wirksamkeit von Änderungskündigungen kann beim Arbeitsgericht geklagt werden.

Eine Kündigung ist nur wirksam, wenn sie in einer **Kündigungserklärung** schriftlich und unterschrieben erfolgt, denn eine mündliche Kündigung hat keine Rechtsfolgen. Die Kündigungserklärung muss deutlich und zweifelsfrei sein, denn Unklarheiten gehen zu Lasten des Gesundheitsbetriebs. Ist der Zeitpunkt, zu dem das Arbeitsverhältnis enden soll, nicht eindeutig angegeben, ist von einer ordentlichen Kündigung zum nächstmöglichen Termin auszugehen. Die Kündigungsfrist läuft ab dem Zeitpunkt des Zugangs der Kündigung, entweder per Übergabe oder Postzustellung in den Einflussbereich des Kündigungsempfängers. Die Angabe des Kündigungsgrundes ist zwingend erforderlich,

- wenn sich dies aus dem Arbeitsvertrag, der Betriebsvereinbarung oder dem Tarifvertrag ergibt,
- wenn es sich um Auszubildende handelt,
- auf Antrag des Mitarbeiters bei einer betriebsbedingten Kündigung,
- bei einer fristlosen Kündigung.

Bei den einzelnen Kündigungsarten ist zunächst die *Rechtswirksamkeit* zu prüfen. Dabei ist besonders die Einhaltung der Kündigungsfristen, die Bedingungslosigkeit sowie die Einhaltung des Kündigungsschutzes zu beachten (siehe **Tabelle 8.3**).

Tabelle 9.1 Prüfung der Rechtswirksamkeit von Kündigungen.

Prüfbereich	Prüfpunkt	Beispiel
Kündigungsmöglichkeit	Kündbarkeit des Arbeitsvertrags	Ordentliche Kündigung
Beteiligung	Erfordernis von Zustimmung oder Anzeige	Mutterschutz, Schwerbehinderte
Kündigungsschutz	Anwendbarkeit des Kündigungsschutzgesetzes (KündSchG)	Mitarbeiterzahl des Gesundheitsbetriebes
	Geltungsbereich besonderer Kündigungsschutzbestimmungen	Schwerbehinderte, Frauen im Mutterschutz oder während der Elternzeit, Schutz für zum Wehrdienst Einberufene oder Betriebsratsmitglieder
Kündigungsgrund	Notwendigkeit der Angabe von Kündigungsgründen	Außerordentliche Kündigung
Kündigungsfrist	Berücksichtigung von Kündigungsfristen	Anhörung des Betriebsrates
Anhörung	Anhörung des Betriebsrats vor einer Kündigung	Zustimmung oder Verweigerung

Scheiden Mitarbeiter des Gesundheitsbetriebs aus dem Arbeitsverhältnis aus, so haben sie Anspruch auf Erstellung einer *Arbeitsbescheinigung* oder eines qualifizierten *Zeugnisses*. Die Übergabe der Arbeitspapiere und eines eventuellen restlichen Gehaltes sollten durch eine *Ausgleichsquittung* bestätigt werden. In ihr lässt sich der Gesundheitsbetrieb versichern, dass gegenüber ihm keine weiteren Forderungen bestehen, keine Einwände gegen die Kündigung des Arbeitsvertrages vor Gericht erhoben werden und keinerlei Ansprüche aus dem Arbeitsverhältnis mehr bestehen. Allerdings besteht keinerlei Verpflichtung zur Unterschrift einer solchen Ausgleichquittung durch die den Gesundheitsbetrieb verlassenden Mitarbeiter.

Glossar

Abmahnung
Rüge des Gesundheitsbetriebs, mit der er in einer für den Mitarbeiter deutlich erkennbaren Weise dessen Fehlverhalten beanstandet und gleichzeitig ihm androht, im Wiederholungsfall die Fortsetzung des Arbeitsverhältnisses aufzuheben.

Änderungskündigung
Zielt nicht auf die Beendigung eines Arbeitsverhältnisses ab, sondern auf dessen Fortsetzung unter anderen arbeitsvertraglichen Bedingungen.

Anreiz-Beitrags-Theorie
Geht davon aus, dass die Mitarbeiter vom Gesundheitsbetrieb Anreize empfangen, die nicht nur monetärer Natur sein müssen, und dass sie dafür gewisse Beiträge (beispielsweise Arbeitsleistung) erbringen.

Approbation
Berechtigt zur Ausübung des ärztlichen Berufs. Sie wird aufgrund des Zeugnisses über die ärztliche Prüfung auf Antrag bei der zuständigen Stelle des jeweiligen Bundeslandslandes erteilt.

Arbeitsanalyse
Umfasst die systematische Untersuchung der Arbeitsplätze und Arbeitsvorgänge im Gesundheitsbetrieb sowie jener persönlichen Eigenschaften, die der jeweilige Mitarbeiter als Stelleninhaber zur Erfüllung der an ihn gerichteten Leistungserwartungen besitzen sollte. Sie dient der Ermittlung sowohl der Arten als auch des jeweiligen Ausmaßes der Arbeitsanforderungen, der Ableitung von Anforderungsprofilen, dem Entwurf von Arbeitsplatzbeschreibungen, der Arbeitsablaufgestaltung und der Einarbeitung neuer Mitarbeiterinnen und Mitarbeiter.

Arbeitsergonomie
Befasst sich mit der Schaffung geeigneter Arbeitsbedingungen und menschgerechter Gestaltung der Arbeitsplätze, um möglichst eine effiziente und fehlerfreie Arbeitsausführung sicherzustellen und die Mitarbeiter im Gesundheitsbetrieb vor gesundheitlichen Schäden auch bei langfristiger Ausübung ihrer Tätigkeit zu schützen.

Arbeitsschutzrecht
Erstreckt sich auf allgemeine Vorschriften, die für alle Mitarbeiter des Gesundheitsbetriebs gelten, wie beispielsweise das Arbeitszeitrecht sowie auf Sonderregelungen für einzelne Mitarbeitergruppen: Jugendarbeitsschutzrecht, Mutterschutzrecht, Schwerbehindertenschutzrecht usw.

Arbeitsverhältnis
Kann in unterschiedlichen Ausprägungen vorliegen und richtet sich nach der jeweiligen arbeitsvertraglichen Regelung.

Arbeitsvertrag
Als schuldrechtlicher Vertrag ein besonderer Fall des Dienstvertrages nach dem *Bürgerlichen Gesetzbuch (BGB)*, durch den sich der Mitarbeiter verpflichtet, im Dienste des Gesundheitsbetriebs nach dessen Weisungen Arbeit zu leisten, wofür der Gesundheitsbetrieb ein Entgelt zu zahlen hat.

Arbeitszeitmodelle
In ihnen werden die Dauer der täglichen Arbeitszeit und die gleichmäßige oder ungleichmäßige Verteilung auf die Wochentage festgelegt.

Arbeitszufriedenheit
Stellt die emotionale Reaktion der Mitarbeiter auf ihre Arbeitssituation dar und gibt ihre Einstellung gegenüber ihrer Arbeit im Gesundheitsbetrieb wieder.

Bedürfnishierarchie
Nach dieser Theorie sucht der Mensch zunächst seine Primärbedürfnisse (physiologische Bedürfnisse wie Essen, Trinken, Schlafen etc.) zu befriedigen und wendet sich danach den Sekundärbedürfnissen zu, wobei er in folgender Reihenfolge zunächst Sicherheitsbedürfnisse, auf der nächsten Stufe soziale Bedürfnisse, danach Wertschätzung und schließlich auf der höchsten Stufe seine Selbstverwirklichung zu erreichen versucht.

Betriebsklima
Von den Mitarbeitern individuell empfundene Qualität der Zusammenarbeit bzw. Art und Weise des Zusammenwirkens im Gesundheitsbetrieb, die für die Motivation von wesentlicher Bedeutung ist und nach der sie bewusst oder unbewusst ihr Arbeits- und Sozialverhalten ausrichten, sich anpassen oder widersetzen.

Betriebskultur
Spiegelt den Umgang, das Auftreten und Benehmen der Mitarbeiter und Führungskräfte des Gesundheitsbetriebs untereinander sowie gegenüber den Patienten wider und wirkt stark auf das Betriebsklima.

Betriebsvereinbarung
Vereinbarungen zwischen Gesundheitsbetrieb und Betriebsrat über eine betriebliche Angelegenheit, die betriebsverfassungsrechtlich zu regeln ist, und die für alle Mitarbeiter unmittelbar gilt.

Beurteilungsgespräch
Dient einer Einschätzung und qualifizierten Rückmeldung der Leistungen und wird mit dem Mitarbeiter geführt, um eine konkreten Rückmeldung über die Einschätzung seiner Arbeitsqualität zu geben.

Beurteilungskriterien
Dienen als Kriterien der Personalbeurteilung zur Erfassung aller betrieblich relevanten Persönlichkeitselemente eines Mitarbeiters.

Bruttopersonalbedarf
Benötigte Leistungsstunden sowie alle anderen Arbeitszeiten: vorgeschriebene Pausen, Rüstzeiten für das Vorbereiten von Eingriffen oder die Einrichtung von Behandlungsräumen, Übergabezeiten, Zeiten für Krankenstand und Urlaub.

Entgeltfortzahlungspflicht
Besagt nach *BGB*, dass die in der Regel als Angestellte des Gesundheitsbetriebs beschäftigten Mitarbeiter den Anspruch auf das Arbeitsentgelt nicht verlieren, wenn sie nur für eine kurze Zeit durch einen in ihrer Person liegenden Grund ohne ihr Verschulden an der Arbeitsleistung verhindert sind.

Führungsstil
Je nachdem, ob die vorgesetzte Person in einem Gesundheitsbetrieb mehr mit den Mitteln der Autorität, des Drucks und Zwangs oder mehr mit den Mitteln der Überzeugung, der Kooperation und Partizipation am Führungsprozess vorgeht, wendet sie einen autoritären oder kooperativen Führungsstil an.

Fürsorgepflicht
Besteht für den Gesundheitsbetrieb gegenüber seinen Mitarbeitern und umfasst unter anderem die Ausstattung der Arbeitsplätze nach den Vorgaben der *Arbeitsstättenverordnung (ArbStVo)*, die korrekte Behand-

lung seiner Mitarbeiter sowie die Geheimhaltung ihm anvertrauter und bekannt gewordener persönlicher Daten.

Gesundheitsbetrieb
Lässt sich als in sich geschlossene Leistungseinheit zur Erstellung von Behandlungs- oder Pflegeleistungen an Patienten oder Pflegebedürftigen ansehen, die dazu eine Kombination von Behandlungseinrichtungen, medizinischen Produkten und Arbeitskräften einsetzt; auch können Betriebsmittel, Stoffe und sonstige Ressourcen zum Einsatz gelangen, die nur mittelbar zur Erstellung der Behandlungs- oder Pflegeleistungen beitragen.

Gesundheitsbetriebslehre
Ist vergleichbar mit der Industriebetriebslehre, Handelsbetriebslehre oder Bankbetriebslehre: Sie befasst sich mit einer speziellen Betriebsart, den Gesundheitsbetrieben und geht davon aus, dass die Ressourcen für einen Gesundheitsbetrieb begrenzt sind und daher einen ökonomischen Umgang mit den knappen Mitteln erfordern: Medizinisches Personal, Pflegepersonal, finanzielle Ressourcen oder Behandlungseinrichtungen stehen in jeder medizinischen Einrichtung nicht in beliebiger Menge zur Verfügung; es gilt daher sie so einzusetzen, dass sie den größtmöglichen Nutzen stiften.

Gratifikation
Wird als besondere Vergütung neben dem üblichen Arbeitsentgelt aus besonderen Anlässen (Jubiläen, Honorierung besonderer Leistungen usw.) gezahlt, wird als Anerkennung für geleistete bzw. noch zu leistende Dienste und Treue zum Arbeitgeber gewährt, ist nicht gesetzlich geregelt, sondern beruht in der Regel auf einer arbeitsvertraglichen Abmachung.

Human Resources Management
Befasst sich generell mit der menschlichen Arbeit und ihren Rahmenbedingungen im Gesundheitsbetrieb.

Konflikt
Gegensätzliches Verhalten von Mitarbeitern, das auf mangelnder gegenseitiger Sympathie, unterschiedlichen Interessen, Widerstreit von Motiven oder Konkurrenzdenken beruht.

Kündigung
Einseitige, empfangsbedürftige Willenserklärung, durch die das Arbeitsverhältnis im Gesund-

heitsbetrieb von einem bestimmten Zeitpunkt an aufgehoben wird. Sie kann vom Gesundheitsbetrieb als Arbeitgeber oder von Mitarbeitern als Arbeitnehmer ausgesprochen werden.

Leistungszulage
Wird in Anerkennung besonderer Leistungen einzelner Mitarbeiter über das tarifliche bzw. vertraglich vereinbarte Entgelt hinaus gezahlt.

Mentorensystem
Hierbei übernimmt eine hierarchisch höher gestellte Führungskraft im Gesundheitsbetrieb als Mentor für den neuen Mitarbeiter eine Beratungs- und Unterstützungsrolle. Die Führungskraft übt eine Vorbildfunktion aus und steht als neutraler Ansprechpartner bei Problemen mit Vorgesetzten vermittelnd zur Verfügung.

Mitarbeiterführung
Beinhaltet einen Prozess der steuernden Einflussnahme auf das Verhalten der Mitarbeiter im Gesundheitsbetrieb zum Zweck der Erreichung bestimmter Ziele. Dazu zählen alle Aktivitäten, die im Umgang mit ihnen verwirklicht werden, um sie im Sinne der Aufgabenerfüllung zu beeinflussen.

Mitarbeitermotivation
Oberbegriff für jene Vorgänge, die in der Umgangssprache mit Streben, Wollen, Begehren, Drang usw. umschrieben und als Ursache für das Verhalten der Mitarbeiter in einem Gesundheitsbetrieb angesehen werden können.

Mitbestimmungsrecht
Zustimmungsrecht eines gewählten Betriebsrates in einem Gesundheitsbetrieb, ohne dessen Einverständnis eine Maßnahme durch den Gesundheitsbetrieb nicht durchgeführt werden kann.

Nettopersonalbedarf
Benötigte Leistungsstunden (= Bruttopersonalbedarf abzüglich aller anderen Arbeitszeiten: vorgeschriebene Pausen, Rüstzeiten für das Vorbereiten von Eingriffen oder die Einrichtung von Behandlungsräumen, Übergabezeiten, Zeiten für Krankenstand und Urlaub).

Personalauswahl
Ihre Aufgabe ist es, geeignete Mitarbeiter den freien Stellen im Gesundheitsbetrieb mit Hilfe von eignungsdiagnostisch fundierten Auswahltechniken zuzuweisen.

Personalbeurteilung
Dient als innerbetriebliches Mittel zur Qualitätssicherung und -verbesserung und befasst sich dazu mit der Wahrnehmung und Bewertung des Mitarbeiters.

Personalcontrolling
Spezielle Form des allgemeinen Controllings zur Analyse der gegebenen Informationen von und über die Mitarbeiter, Vorbereitung und Kontrolle von personalrelevanten Entscheidungen auf der Grundlage dieser Informationen sowie zur Steuerung und Koordination der Informationsflüsse im Personalbereich.

Personaleinführung
Einarbeitung neuer Mitarbeiter in die Tätigkeit und ihren neuen Arbeitsplatz und damit auch die soziale Eingliederung in das Arbeitsumfeld, ihre direkte Arbeitsgruppe und das Sozialsystem des gesamten Gesundheitsbetriebs.

Personaleinsatz
Zeitliche, räumliche, qualitative und quantitative Zuordnung der Mitarbeiter im Gesundheitsbetrieb zu den einzelnen Stellen und den damit verbundenen Arbeitsaufgaben.

Personalentwicklung
Umfassendes Konzept der Einwirkung auf die Mitarbeiter mit dem Ziel, die Qualifikationen aufzubauen und weiterzuentwickeln, die sie für die Erfüllung ihrer beruflichen Aufgaben im Gesundheitsbetrieb benötigen.

Potenzialentwicklungsgespräch
Orientiert sich an der zukünftigen Entwicklung des Gesundheitsbetriebs, an den derzeitigen und zukünftigen Aufgaben des Mitarbeiters, seinen persönlichen Vorstellungen und Erwartungen über die berufliche Weiterentwicklung im Gesundheitsbetrieb. Es gilt, ein möglichst genaues Bild von seinen genutzten bzw. ungenutzten Qualifikationen und sozialen Kompetenzen zu erhalten und ihn seinen Fähigkeiten entsprechend einzusetzen. Ziele sollen eine höhere Arbeitszufriedenheit und verbesserte Arbeitsergebnisse sein.

Personalfluktuation
Bezeichnet den Austausch des Personals von Gesundheitsbetrieben. Im Blickpunkt ist somit die Eintritts- bzw. Austrittsrate von Mitarbeitern, die den Personalbestand über einen bestimmten Zeitraum gemessen verändert.

Prämiensystem

Richtet sich beispielsweise nach Ergebnisvorgaben, Patientenzahlen oder dem Arbeitsaufkommen, wobei die vorher in der Höhe festgelegten Prämienzahlungen dann geleistet werden, wenn eine bestimmte, ebenfalls vorher festgelegte Zielgröße erreicht oder übertroffen wird.

Stellenbeschreibung

Sie enthält als Tätigkeitsdarstellung oder Arbeitsplatzbeschreibung eine formularisierte Fixierung aller wesentlichen Stellenmerkmale und dient neben der aufbauorganisatorischen Dokumentation, der Vorgabe von Leistungserfordernissen und Zielen sowie der Objektivierung der Lohn- und Gehaltsstruktur durch Angabe von Arbeitsplatz-/Stellenbezeichnung, Rang, Unter- und Überstellungsverhältnis, Ziel des Arbeitsplatzes/der Stelle, Stellvertretungsregelung, Einzelaufgaben, sonstige Aufgaben, besondere Befugnisse, besondere Arbeitsplatz-/Stellenanforderungen etc.

Teamgeist

Bedeutet, dass sich alle Mitarbeiter des Gesundheitsbetriebs einer Gruppe angehörig fühlen, in der sie eine bestimmte Rolle wahrnehmen, die von allen anderen Gruppenmitgliedern akzeptiert wird.

Telearbeit

Rechnergestützte Arbeitsleistung, die mit Hilfe elektronischer Hilfsmittel an einem vom Gesundheitsbetrieb räumlich getrennten Arbeitsplatz verrichtet wird.

Überstunden

Stunden, die über die regelmäßige betriebliche Arbeitszeit des Gesundheitsbetriebes hinaus geleistet werden.

Überstundenzuschlag

Ist gesetzlich nicht vorgeschrieben und bedarf einer gesonderten Regelung unter Berücksichtigung des Grundsatzes der Gleichberechtigung, beispielsweise in einem Tarifvertrag.

Vermögenswirksame Leistungen

Können durch einzelvertragliche Abmachung im Arbeitsvertrag, in Betriebsvereinbarungen für den gesamten Gesundheitsbetrieb oder in Tarifverträgen vereinbart werden, wobei sie dann allen Mitarbeitern gewährt werden müssen.

Zielvereinbarungsgespräch
Dient der aktiven Beteiligung und Übertragung von Verantwortung an Mitarbeiter, mit der gemeinsamen Festlegung von Arbeitszielen und Ergebnissen zwischen Führungskraft und Mitarbeiter im Gesundheitsbetrieb: Dazu müssen die Ziele eindeutig und konkret formuliert sein, dürfen keine Unter- oder Überforderung für den Mitarbeiter darstellen, müssen dokumentiert und vereinbart und nach Ablauf einer gewissen Zeit in einem Gespräch hinsichtlich ihrer Erreichung überprüft werden.

Zweifaktorentheorie
Geht davon aus, dass es einerseits so genannte Motivatoren gibt, wie beispielsweise Leistung, Anerkennung, Verantwortung etc., die sich auf den Arbeitsinhalt beziehen und die Arbeitszufriedenheit erzeugen und andererseits so genannte Hygienefaktoren (Rand- und Folgebedingungen der Arbeit, beispielsweise Entlohnung, Führungsstil, Arbeitsbedingungen etc.), die Unzufriedenheit vermeiden.

Abbildungsverzeichnis

Abbildung 1.1	Theorien zum arbeitenden Menschen im Gesundheitsbetrieb.	25
Abbildung 3.1	Zielbeziehungen im Gesundheitsbetrieb.	46
Abbildung 3.2	Grundlegende Motivationstheorien für den Gesundheitsbetrieb.	55
Abbildung 3.3	Konfliktmanagement im Gesundheitsbetrieb.	60
Abbildung 4.1	Allgemeine Merkmale von Arbeitsplatzanforderungen nach *Scholz* (1989).	76
Abbildung 4.2	Mögliche Personalanforderungsprofile für eine Zahnarztpraxis.	77
Abbildung 5.1	Personalrekrutierung für den Gesundheitsbetrieb.	82
Abbildung 6.1	Aufbauorganisatorische Kennzeichen von Stellen in Gesundheitsbetrieben.	96
Abbildung 6.2	Darstellungsmöglichkeiten für Prozesse im Gesundheitsbetrieb.	101
Abbildung 7.1	Rollenverteilung in der Personalentwicklung des Gesundheitsbetriebs.	121
Abbildung 7.2	Kategorien der Personalentwicklung im Gesundheitsbetrieb nach *Becker* (1994).	122
Abbildung 7.3	Entwicklung der Studierenden und der Absolventen im Fach Humanmedizin.	133

Tabellenverzeichnis

Tabelle 1.1	Typologie von Gesundheitsbetrieben	18
Tabelle 1.2	Anzahl ausgewählter Gesundheitsbetriebe in Deutschland im Jahre 2007	19
Tabelle 1.3	Mitarbeiterzusammensetzung einzelner Gesundheitsbetriebe am Beispiel von Zahnarztpraxen	22
Tabelle 2.1	Individualarbeitsrechtliche Grundlagen des Personalmanagements.	34
Tabelle 2.2	Kollektivarbeitsrechtliche Grundlagen des Personalmanagements.	42
Tabelle 3.1	Beispiele für negative und positive Zielprojektionen im Gesundheitsbetrieb.	48
Tabelle 3.2	Ursachen für Konflikte in Gesundheitsbetrieben.	61
Tabelle 3.3	Verlaufsformen von Konflikten im Gesundheitsbetrieb.	64
Tabelle 3.4	Maßnahmen zur Handhabung von Konflikten im Gesundheitsbetrieb.	65
Tabelle 4.1	Vereinfachter Ansatz zur quantitativen Personalbedarfsermittlung in einer Zahnarztpraxis.	69
Tabelle 4.2	Modellrechnung zur Ermittlung des ärztlichen Personalbedarfs in Krankenhäusern.	70
Tabelle 5.1	Auswahlverfahren für Gesundheitspersonal.	85
Tabelle 6.1	Immaterielle und materielle Stellenelemente.	97
Tabelle 6.2	Inhalte von Stellenbeschreibungen im Gesundheitsbetrieb.	99

Tabelle 6.3	Beispiel arbeitswissenschaftlich günstiger Arbeitszeitgestaltung eines kontinuierlichen Drei-Schichtsystems für eine Altenpflegeeinrichtung.	105
Tabelle 6.4	Beispiele für telemedizinische Anwendungen.	110
Tabelle 6.5	Virtuelle Arbeitsunterstützung im Gesundheitsbetrieb am Beispiel der Interaktion zwischen den Leistungserbringern und Patienten.	114
Tabelle 7.1	Beurteilungsgespräch im Gesundheitsbetrieb.	127
Tabelle 7.2	Ausbildungsberufe und Schülerzahlen (Schuljahr 2006/ 2007) im Gesundheitswesen.	129
Tabelle 8.1	Personalaktenführung im Gesundheitsbetrieb.	140
Tabelle 8.2	Personalkennzahlen im Gesundheitsbetrieb.	147
Tabelle 9.1	Prüfung der Rechtswirksamkeit von Kündigungen.	160

Literaturhinweise

ÄRZTEKAMMER SCHLESWIG-HOLSTEIN, KRANKENHAUSAUSSCHUSS: Richtgrößen zur Planung des ärztlichen Personalbedarfs in Krankenhäusern, Informationsbroschüre, Stand: 2008, S. 7ff

ARBEITSSTÄTTENVERORDNUNG (ArbStättV) vom 12. August 2004 (BGBl. I S. 2179), zuletzt durch Artikel 9 der Verordnung vom 18. Dezember 2008 (BGBl. I S. 2768) geändert

ARBEITSZEITRECHTSGESETZ (ArbZRG) vom 6. Juni 1994 (BGBl. I S. 1170)

BAKE, C. U. A. (HRSG.): Handbuch Datenschutz und Datensicherheit im Gesundheits- und Sozialwesen, 3. Aufl., Datakontextverlag, Köln 2009

BECKER, M. (1994): Personalarbeit in turbulenter Zeit, in: Personalwirtschaft 1/1994, Luchterhand-Verlag, Neuwied, S. 5ff

BERRESHEIM, K. (2008): Ausbildung der Medizinischen Fachangestellten – Leitfaden für die ausbildende Arztpraxis, Deutscher Ärzte-Verlag, Köln

BERTHEL, J. U. A. (2010): Personal-Management, 9. Auflg., Schäffer-Poeschel-Verlag, Stuttgart

BERUFSBILDUNGSGESETZ (BBiG) vom 23. März 2005 (BGBl. I S. 931), zuletzt durch Artikel 15 Absatz 90 des Gesetzes vom 5. Februar 2009 (BGBl. I S. 160) geändert

BETRIEBSVERFASSUNGSGESETZ (BetrVG) in der Fassung der Bekanntmachung vom 25. September 2001 (BGBl. I S. 2518), das zuletzt durch Artikel 9 des Gesetzes vom 29. Juli 2009 (BGBl. I S. 2424) geändert

BONKAß, F. U. A. (2010): Personalentwicklung, Berufsbildungswerk Deutscher Krankenhäuser (BBDK) e.V.; http://www.bbdk.de/traineeprogramm/personalentwicklung.php; Abfrage: 26.03.2010

BÜRGERLICHES GESETZBUCH (BGB) in der Fassung der Bekanntmachung vom 2. Januar 2002 (BGBl. I S. 42, 2909; 2003 I S. 738), zuletzt durch Artikel 4 Absatz 10 des Gesetzes vom 11. August 2009 (BGBl. I S. 2713) geändert

BUNDESÄRZTEKAMMER (BÄK): Ärztliche Ausbildung in Deutschland, http://www.bundesaerztekammer.de/page.asp?his=1%2E101%2E169&al l=true#Weiterbildung; Abfrage: 09.07.2009

BUNDESÄRZTEKAMMER (BÄK): Arbeitsgemeinschaft zur Regelung der Arbeitsbedingungen der Arzthelferinnen/Medizinischen Fachangestellten AAA, http://www.bundesaerztekammer.de/page.asp?his=1.99.3478.6658; Abfrage: 16.03.2010

BUNDESANSTALT FÜR ARBEITSSCHUTZ UND ARBEITSSICHERHEIT (BAuA): Beispiele arbeitswissenschaftlich günstiger Arbeitszeitgestaltung mit Hilfe von BASS 3.0, http://www.baua.de/de/Informationen-fuer-die-Praxis/Handlungshilfen-und-Praxisbeispiele/Arbeitszeitgestaltung/Arbeitszeitgestaltung.html; Abfrage: 25.03.2010

BUNDESANSTALT FÜR ARBEITSSCHUTZ UND ARBEITSSICHERHEIT (BAuA): Praktische Beispiele aus dem Pflegebereich in der DASA, http://www.baua.de/cln_137/de/Informationen-fuer-die-Praxis/Handlungshilfen-und-Praxisbeispiele/Pflege.html; Abfrage: 25.03.2010

BUNDESDATENSCHUTZGESETZ (BDSG) in der Fassung der Bekanntmachung vom 14. Januar 2003 (BGBl. I S. 66), zuletzt durch Artikel 1 des Gesetzes vom 14. August 2009 (BGBl. I S. 2814) geändert

BUNDESMINISTERIUM FÜR BILDUNG UND FORSCHUNG: Berufsbildungsbericht 2008, http://www.bmbf.de/pub/bbb_2008.pdf; Abfrage: 02.07.2009

BUNDESURLAUBSGESETZ (BUrlG) in der im Bundesgesetzblatt Teil III, Gliederungsnummer 800-4, veröffentlichten bereinigten Fassung, zuletzt durch Artikel 7 des Gesetzes vom 7. Mai 2002 (BGBl. I S. 1529) geändert

CHARITÉ – UNIVERSITÄTSMEDIZIN BERLIN: ELWIS-MED – eLearning-Wissensvermittlung in der Medizin, http://www.charite.de/elearning/projekte/elwis.htm; Abfrage: 13.10.2009

CONZEN, C. U. A. (HRSG.): Pflegemanagement heute – Ökonomie, Personal, Qualität: verantworten und organisieren, Elsevier Urban & Fischer Verlag, München 2008

DEUTSCHE GESELLSCHAFT FÜR TELEMEDIZIN (DGTELEMED): Telemedizin, http://www.dgtelemed.de/de/telemedizin/; Abfrage: 13.10.2009

DIHLMANN, M. U. A. (2008): Moderne Praxisführung, Springer Verlag, Wien

FLINTROP, J. (2000): Krankenhaus: Überstunden zum Wohle der Karriere!, in: Deutsches Ärzteblatt, Heft 11 v. 17.03.2000, Köln, S. 671 ff

FRODL, A. (2010): Gesundheitsbetriebslehre, Gabler GWV Fachverlage, Wiesbaden

FRODL, A. (2008): BWL für Mediziner, Walter DeGruyter Verlag, Berlin u. a.

FRODL, A. (2004): Management von Arztpraxen: Kosten senken, Effizienz steigern – Betriebswirtschaftliches Know-how für die Heilberufe, Gabler GWV Fachverlage, Wiesbaden

FRODL, A. (2003a): Personalaustritt und -fluktuation, in: ZWR – Das Deutsche Zahnärzteblatt, 112. Jahrgang, 12/2003, Thieme Verlag, Stuttgart

FRODL, A. (2003b): Personalauswahl, in: ZWR – Das Deutsche Zahnärzteblatt, 112. Jahrgang, 6/2003, Thieme Verlag, Stuttgart

FRODL, A. (2003c): Quantitativer Personalbedarf, in: ZWR – Das Deutsche Zahnärzteblatt, 112. Jahrgang, 3/2003, Thieme Verlag, Stuttgart

FRODL, A. (2000): Personalmanagement, Quintessenz Verlag, Berlin u. a.

FRODL, A. (1996): Personalmanagement in der Arztpraxis, Georg Thieme Verlag, Stuttgart u. a.

FRODL, A. (1995): Personalmanagement in der Zahnarztpraxis, Georg Thieme Verlag, Stuttgart u. a.

GEIßLER-GRUBER, B. (2004): Gesundheitsbezogene Arbeitsanalyse in der ambulanten Pflege, Werkstattbericht des PIZA-Praxisprojektes „Gesunde Beschäftigte und gute Servicequalität in der ambulanten Pflege", Arbeit und Zukunft e.V., Hamburg 2004, S. 4ff

GESETZ ZUR SICHERUNG DER EINGLIEDERUNG SCHWERBEHINDERTER IN ARBEIT, BERUF UND GESELLSCHAFT (Schwerbehindertengesetz – SchwbG) in der Fassung der Bekanntmachung vom 26. August 1986 (BGBl I S. 1421, 1550), zuletzt geändert durch Art. 9 des Gesetzes vom 19. Dezember 1997 BGBl I S. 3158); ist per 1.10. 2001 in das Sozialgesetzbuch – Neuntes Buch – (SGB IX) Rehabilitation und Teilhabe behinderter Menschen eingestellt worden. (Bundesgesetzblatt I vom 19. Juni 2001, S. 1046)

GOLA, P. U. A. (2010): Handbuch zum Arbeitnehmerdatenschutz. Rechtsfragen und Handlungshilfen unter Berücksichtigung der BDSG-Novellen, 5. Auflg., Datakontext-Verlag, Frechen

GRASS, M. U. A. (2009): Human-Resource-Management und Personalentwicklung im Krankenhaus: Möglichkeiten und Grenzen zur Wettbewerbssteigerung im Gesundheitswesen, Diplomarbeit, Grin-Verlag, München

HÄCKER, J. (2008): Telemedizin, Oldenbourg-Verlag, München

HIRN-GREMMINGER, L. (2009): Mitarbeiterführung im Sozial- und Gesundheitswesen, VDM Verlag Dr. Müller, Saarbrücken

JOOST, A. (2007): Literaturauswertung im Rahmen einer Machbarkeitsstudie zum Berufsverbleib von Altenpflegerinnen und Altenpflegern, Institut für Wirtschaft, Arbeit und Kultur (IWAK) an der Goethe-Universität, Frankfurt am Main, S. 12ff

JUGENDARBEITSSCHUTZGESETZ (JArbSchG) vom 12. April 1976 (BGBl. I S. 965), zuletzt durch Artikel 3 Absatz 2 des Gesetzes vom 31. Oktober 2008 (BGBl. I S. 2149) geändert

KASSENZAHNÄRZTLICHE BUNDESVEREINIGUNG (KZBV): KZBV-Statistik: Beschäftigte je Praxis 1992-2007, KZBV-Jahrbuch 2008, S. 140, http://www.kzbv.de/statistik/JB08_S_140.pdf; Abfrage: 15.03.2010

KÜNDIGUNGSSCHUTZGESETZ (KSchG) in der Fassung der Bekanntmachung vom 25. August 1969 (BGBl. I S. 1317), zuletzt durch Artikel 3 des Gesetzes vom 26. März 2008 (BGBl. I S. 444) geändert

MARR, R. U. A. (1986): Personalwirtschaft – ein Konfliktorientierter Ansatz, Verlag Moderne Industrie, Landsberg a. L.

MITBESTIMMUNGSGESETZ (MitbestG) vom 4. Mai 1976 (BGBl. I S. 1153), zuletzt durch Artikel 9 des Gesetzes vom 30. Juli 2009 (BGBl. I S. 2479) geändert

MUTTERSCHUTZGESETZ (MuSchG) in der Fassung der Bekanntmachung vom 20. Juni 2002 (BGBl. I S. 2318), zuletzt durch Artikel 14 des Gesetzes vom 17. März 2009 (BGBl. I S. 550) geändert

NAEGLER, H. (2008): Personalmanagement im Krankenhaus – Grundlagen und Praxis, Medizinisch Wissenschaftliche Verlagsgesellschaft, Berlin

REUSCHENBACH, B. (2004): Personalgewinnung und Personalauswahl in der Pflege – Fakten und Trends, Vortrags-Handout der Forschungsgruppe Personalauswahl im Gesundheitswesen an der Ruprecht-Karls-Universität, Heidelberg, S. 28ff

RIEBE, C. (2008): Einführung der digitalen Personalakte in der öffentlichen Verwaltung: Vorteile, Probleme – am Beispiel erklärt, VDM Verlag Dr. Müller, Saarbrücken

ROBERT-KOCH-INSTITUT (RKI): Richtlinie über die ordnungsgemäße Entsorgung von Abfällen aus Einrichtungen des Gesundheitsdienstes (Stand: Januar 2002), http://www.rki.de/cln_151/nn_201414/DE/Content/Infekt/Krankenhaushygiene/Kommission/Downloads/LAGA-Rili,templateId=raw,property=publicationFile.pdf/LAGA-Rili.pdf; Abfrage: 21.04.2009

SCHOLZ, C. (2000): Personalmanagement, 5. Auflage, Vahlen Verlag, München

STATISTISCHES BUNDESAMT: Kennzahlen zum Thema Gesundheit, http://www.statistischesbundesamt.de/; Abfrage: 24.04.2009

STOPP, U. (2006): Betriebliche Personalwirtschaft, 27. Auflg., Expert-Verlag, Renningen

TARIFGEMEINSCHAFT DEUTSCHERLÄNDER (TDL): Musterarbeitsvertrag für Ärztinnen und Ärzte, für die der Tarifvertrag-Ärzte gilt und die auf unbestimmte Zeit eingestellt werden, http://www.tdl-online.de/Aerzte/AV-Muster/Anlage%201%20AV-Muster%20%C3%84rzte%20unbefristet.pdf; Abfrage: 16.03.2010

TARIFVERTRAGSREGISTER NORDRHEIN-WESTFALENS: Tarifbereich/ Branche: Arzthelferinnen/Medizinische Fachangestellte, http://www.tarifregister.nrw.de/material/arzthelferinnen.pdf; Abfrage: 24.03.2010

TARIFVERTRAG FÜR ÄRZTINNEN UND ÄRZTE AN KOMMUNALEN KRANKENHÄUSERN IM BEREICH DER VEREINIGUNG DER KOMMUNALEN ARBEITGEBERVERBÄNDE (TV-Ärzte/VKA) vom 17. August 2006

TARIFVERTRAGSGESETZ (TVG) in der Fassung der Bekanntmachung vom 25. August 1969 (BGBl. I S. 1323), zuletzt durch Artikel 223 der Verordnung vom 31. Oktober 2006 (BGBl. I S. 2407) geändert.

THILL, K. (2004): Einstellungsgespräche in der Arztpraxis, Deutscher Ärzte-Verlag, Köln

THILL, K. (2006): Teamführung in der Arztpraxis: Einfach gut führen, Deutscher Ärzte – Verlag, Köln

VERORDNUNG ÜBER DIE BERUFSAUSBILDUNG ZUM MEDIZINISCHEN FACHANGESTELLTEN/ZUR MEDIZINISCHEN FACHANGESTELLTEN vom 26. April 2006 (BGBl I S. 1097)

VOIGT, K. (2008): Erhebung der Abwicklungsmodalitäten der Lohn und Gehaltsabrechnung in sozialen Einrichtungen, Lehrstuhl für Industriebetriebslehre der Friedrich-Alexander-Universität Erlangen-Nürnberg, Vortragsunterlagen, S. 7ff

WEDDE, P. (2010): Arbeitnehmerdatenschutz: Geltendes Recht und Tipps für die Praxis, Bund-Verlag, Frankfurt am Main

WIRTZ, B. U. A. (2009): Strukturen, Akteure und Rahmenbedingungen des E-Health, in: Der Betriebswirt, 50. Jahrg., Heft 2/2009, Deutscher Betriebswirte Verlag, Gernsbach 2009, S. 10-16

Stichwortverzeichnis

Ablauforganisation 100
Abmahnung 155
Anforderungsprofile 76
Anhörung 157
Approbation 134
Arbeitgeberpflichten 32
Arbeitnehmerpflichten 32
Arbeitsanalyse 73
Arbeitsergonomie 106
Arbeitsklimas 57
Arbeitsschutzrecht 39
Arbeitsstrukturierung 52
Arbeitsverhältnis 31
Arbeitsvertrag 29, 88
Arbeitszeiterfassung 106
Arbeitszeitmodelle 101
Arbeitszeitrecht 39
Arbeitszufriedenheit 50
Aufbauorganisation 95
Ausbildung 130

Berufsausbildungsvertrag 88
Betriebsklima 57
Betriebskultur 58
Betriebsrat 38
Betriebsvereinbarungen 38
Beurteilungsfehler 126
Beurteilungsgespräch 126
Beurteilungskriterien 124
Beurteilungsstufen 125
Bruttogehalt 143

Dienstvereinbarung 38

eHealth 109
Eignungsfeststellung 87
Einarbeitungsplan 94
eLearning 136
Entgeltfortzahlungspflicht 33

Fortbildung 136
Führungsmodelle 52
Führungsstil 51
Full Time Equivalents 68
Fürsorgepflicht 34

Gehaltsabrechnung 143
Gesundheitsbetrieb 17
Gesundheitsbetriebslehre 17

Human Resources
    Management 26

Jugendarbeitsschutzrecht 40

Konflikte 60
Kündigung 154
Kündigungsarten 156
Kündigungsbedingungen 157
Kündigungserklärung 159
Kündigungsschutz 40

Mentorensystem 94
Mitarbeiterdatenschutz 41
Mitarbeiterführung 51
Mitarbeitermotivation 53
Mitbestimmungsrecht 38
Motivationstheorien 53
Mutterschutzrecht 40

Nettogehalt 144

Patenfunktion 94
Personaladministration 139
Personalakte 140
Personalauswahl 84
Personalbeurteilung 124
Personalcontrolling 145
Personaleinführung 93
Personaleinsatz 95
Personalentwicklung 119
Personalfluktuation 151

Personalkennzahlen 146
Personalrat 38
Personentage 68
Potentialentwicklungs-
  gespräche 128
Prämiensystem 56

Schichtsysteme 103
Schwerbehindertenschutz-
  recht 40
Stellenbeschreibungen 99
Studium 132

Tarifvertragrecht 36
Teamgeist 57
Telearbeit 109
Telemedizin 110

Vollzeitkapazitäten 68

Weiterbildung 134

Zielart 45
Zielbeziehungen 45
Ziele 45
Zielinhalte 46
Zielvereinbarungsgespräche 128

Professionelles Gesundheitsmanagement
↗

Die erste Betriebswirtschaftslehre des Gesundheitswesens

Eine zusammenfassende Betriebswirtschaftslehre für das Gesundheitswesen existiert bislang noch nicht. Aufgrund der steigenden Probleme, der zahlreichen Reformversuche und der demografischen Entwicklung wird sie jedoch über die nächsten Jahre hinaus an Bedeutung gewinnen. Mit Hilfe dieses Buches verschaffen sich Angehörige der Heilberufe schnell das betriebswirtschaftliche Hintergrundwissen, das für die Ausübung ihrer Berufe zwingend erforderlich ist.

Andreas Frodl
Gesundheitsbetriebslehre
Betriebswirtschaftslehre des Gesundheitswesens
2010. 350 S. Br.
EUR 49,95
ISBN 978-3-8349-1980-9

Die Gesundheitsscorecard für den Pflegealltag

Die Autoren haben unter dem Begriff „Die Gesundheitshebel" eine Methodik entwickelt und diese erfolgreich in die Praxis umgesetzt, mit dem Ziel, Gesundheitsförderung der professionell Pflegenden durch die Entwicklung von Gesundheitskompetenzen zu gestalten (www.alice-3p.de). Gesundheitskompetenzen beinhalten die Fähigkeiten, Belastungen/Beanspruchungen zu erkennen, zu bewerten, Strategien zu entwickeln, ihre Wirksamkeit zu reflektieren und Gesundheitsroutinen zu entwickeln, die eigene Gesundheit zu fördern, zu erhalten und gegebenenfalls wieder herstellen zu können.

Klaus North / Peter Friedrich / Maja Bernhardt
Die Gesundheitshebel
Partizipative Gesundheitsförderung in der Pflege
2010. 187 S. Geb.
EUR 34,90
ISBN 978-3-8349-1515-3

Der Einweisermarketingcheck: Testen Sie Ihr Marketingpotenzial!

Die Einweisung von Patienten durch niedergelassene Ärzte ist eine der zentralen Stellgrößen für den Krankenhauserfolg. Das Buch bietet zu diesem Thema unter anderem eine auf empirischen Erkenntnissen basierende Komplett-Zusammenstellung der Anforderungen von niedergelassenen Ärzten an die Zusammenarbeit mit Krankenhäusern sowie eine Schritt-für-Schritt-Anleitung zur Entwicklung eines Einweiser-Marketingkonzeptes.

Klaus-Dieter Thill
Einweisermarketing für Krankenhäuser
Niedergelassene Ärzte professionell gewinnen und binden
2010. 150 S. Br.
EUR 29,90
ISBN 978-3-8349-1584-9

Änderungen vorbehalten. Stand: August 2010.
Erhältlich im Buchhandel oder beim Verlag
Gabler Verlag . Abraham-Lincoln-Str. 46 . 65189 Wiesbaden . www.gabler.de

Printed in Poland
by Amazon Fulfillment
Poland Sp. z o.o., Wrocław